不幸捲入戰爭時，我們該怎麼做，
才能夠活到最後一刻？

S&T ... MES

川口 ... 協會

小……姓的

戰場行動守則

楓樹林

前言

我，川口拓，雖然是這本書籍部分內容的共同作者，但我自己不曾站上戰場。即便如此，身為危機管理與生存教官，我已擁有十年以上和許多自衛官一起相處的經驗。為了完成維持和平的任務，這些自衛官必須前往「真正的戰場」。為什麼我這個業餘人士，能夠有機會和這群專業的自衛官一同探討危機管理呢？

其中一個緣由，是隸屬於S&T OUTCOMES（以下簡稱S&T），也是負責本書絕大部分篇章的專業保全，以及擔任顧問的S先生，邀請我加入教官指導員團隊的緣故。我至今依然無法忘記這群強大的夥伴對我說「我們會給你協助，絕對沒問題」的時候，那令人放心的感覺。對當時的我而言，究竟要給予這群專業的自衛官什麼指導，可說是備感壓力。

但是逐漸習慣後，不知道是不是這群成員釋放的獨特氣場也轉移到我身上，某位自衛官甚至問我：「川口先生，不知道這麼問是不是有點失禮……您是不是有過殺人的經驗？」雖然我回答：「不不，我沒有上過戰場，也不曾有過這類經驗呢。」不過當下聽起來卻是愈描愈黑，我至今還記得那位自衛官臉上複雜的表情。

另一個理由，則是基於我們對於危機管理的看法。「危機管理」這個詞，在各位耳裡聽起來應該非常專業響亮，甚至會湧現危機管理是門專業技術，需要具備艱澀的知識，一般人無法駕馭的印象。不過，實際上能發揮作用的危機管理術內容相當簡單，更必須是你我熟悉之物。既專業又複雜的危機管理術雖然很吸睛，聽起來也非常響亮，但實際上卻很容易使腦袋與身體都跟不上。誰都能做到，簡單、非制式化的危機管理術其實充滿躍動感，更不會讓人心生遲疑。

而我們與這群自衛官共享、探索的內容，就是這樣的危機管理術。誰都能夠做到，因此即便是沒有實戰經驗的我，也能擔任指導工作。

危機管理並不難，所以一般人更應該親自實踐——這同樣是我們的理念。其實不只是書名提到的戰爭，當各位遇到災害，或是在森林迷路，也就是面對各種危機時，一般人多半會尋求公家單位的救援協助。有時運氣很好，在遭遇危機後就立刻獲得幫助。不過，大多數的情況是各位必須試著跨越阻擋在眼前的「難關」。

如果你沒有任何危機管理知識，那麼真的就只能聽天由命。沒有任何一種情況比聽天由命還令人感到不安與恐懼，當事人會感到恐懼，是因為我們根本無法得知聽天由命的後果會是什麼。不知道自己即將面臨什麼樣的恐懼，當然就沒辦法做任何心理準備，甚至想不到任何對應方法。緊接著，情況開始惡性循環，不想面對恐懼的本能會讓人逃避面對問題，過程中如果發生可怕的事情，就會演變成最糟事態。

擬訂危機管理計畫的第一步，便是了解自己會遭遇到什麼樣的危機。各位剛開始或許會對必須面對這個事實感到恐懼，不過隨著計畫的建立，只要內容愈具體，就愈能了解當中的危機，以及會遭遇到的情況。面對意外時，恐懼絕對不會消失，但恐懼的本質卻會完全改變。做好心理準備，雖然我無法保證所做的一切都能發揮作用，不過知道該如何應對後，才有辦法沉穩地面對危機，為起身迎戰充足熱身。

還有，唯有自己想出來的危機管理方法才能發揮更大作用。愈符合自己需求，非制式化的客製內容愈有靈活度。沒有實戰經驗的我們與這群自衛官共享的，其實就是客製危機管理計畫的技巧。在規劃自己的危機管理術時，融入S&T現役隊員的實際經驗與技術；接著，遠赴海外執行勤務的隊員會再訂立自己的危機管理指標與行動計畫，並在當地充分應用，達成目的。

對現代人而言，面臨戰爭的可能性並非為零，但絕大多數人絲毫不懂戰爭所帶來的恐懼，當然更不曉得如何應付戰爭。雖然我們完全不懂戰爭究竟是什麼，但各位必須嘗試稍微想像一下，因為這就是對戰爭的危機管理，同時也是本書的存在意義。

在描述與戰爭相關的情報時，我試著加入了大膽的假設，讓各位更容易想像故事情境與發展，以免內容無法引起共鳴，幫助讀者在閱讀時更能夠思考「如果是我的話，我會怎麼做」。雖然部分較為衝擊的假設帶有小說風格且充滿戲劇性，不過一切依然符合現實中可能發生的情境。希望各位帶著輕鬆的心情閱讀本書，對戰爭的危機管理踏出第一步。

（二〇一九年五月二十二日筆）

川口拓

※本書並未針對某個特定國家，一切都是以虛構戰場為背景的戰場求生守則。部分內容以日本為例，用意在於使整體架構更加完整，方便讀者理解。

CONTENTS

STAGE 5

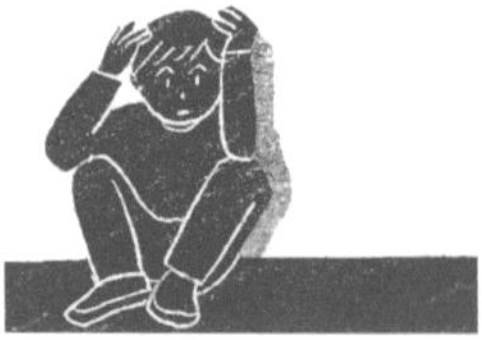

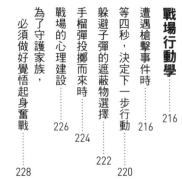

STAGE 1

開戰前

開戰之刻，會發生什麼事

如果戰爭就在明日

我們無法知道什麼時候會發生戰爭。或者應該說，綜觀人類歷史，沒有發生戰爭的時期反而較少，就連第二次世界大戰距離今日尚未超過百年。美國、蘇聯、英國、法國、義大利、德國等世界大國幾乎競相參與的大規模殺戮行為，也絕非久遠前的歷史。

無論是領土之爭、宗教紛擾、經濟摩擦、資源枯竭、糧食不足，能夠引發戰爭的火種總圍繞於這些議題之上，而世界某一處的戰火也確實不曾停歇。儘管日本很幸運地在二次戰後這數十年間沒有戰爭，但任誰都無法保證未來也

人類的歷史即是戰爭的歷史，這麼說一點也不為過。本書不會探討戰爭的對錯與否，重點在於該如何從戰中存活下來。

絕對不會發生戰爭。

某個國家可能哪一天突然無預警地發射彈道飛彈，炸彈也有可能在另一個國家的首都市中心引爆。萬一明天發生戰爭，我們該採取什麼行動，讓自己與家人、朋友能夠存活下來，以及該做哪些準備，這就變得非常重要。

做好事前準備的第一步，就是必須清楚認知明天可能就會開戰。這裡不需要去討論是否真的會發生戰爭。先預設會發生戰爭後，才能推導出下一步行動。

戰爭時可能發生的情節

戰爭開始後，會發生什麼事情呢？剛開始一定讓人措手不及。

某天，搭載核彈或高爆炸藥的彈道飛彈突然朝自己的國家飛來，這時手機與電腦會發出警報，城市會響起飛彈來襲的廣播。接著，數發飛彈就會擊中標的物，並造成嚴重災害。

還有其他可能的情境，譬如國內連續發生多起恐怖攻擊。恐怖分子會使用炸彈、生化武器等危害國民安危，不僅讓人們充滿恐懼，陸軍部隊還會趁亂搶灘登陸，快速控制住國內要地。

先以彈道飛彈或轟炸攻擊，排除國內相當的武力後，將會有更多部隊登陸。敵軍的船艦會停滿近海，武裝士兵將搭乘登陸艇不斷登陸，這時就有可能與本國軍隊開始對戰。槍聲與炸彈聲在耳邊迴盪將變成家常便飯，行走在路上也會變得危機四伏。

甚至，我們很有可能遭到敵國占領。屆時不是與家人分離、被俘虜至收容所，就是受戒嚴令限制，自行軟禁於家中。最糟糕的還有可能遭遇囚禁虐待而被殺害。

敵國士兵不斷成功登陸的局勢，只能用可怕形容，
因為沒人知道接下來會發生什麼事。

襲擊之外的生活威脅

除了遭受武力威脅，戰爭時期還會遭遇不少令人憂心的問題。首先，用水、用電、瓦斯等生活機能，可能會因為敵國攻擊遭受破壞，也有可能在游擊攻擊後受到毒物汙染而無法使用。若當地不幸遭敵軍完全壓制的話，更無法使用網路及電話等通訊管道。

屆時民眾還可能會因為擔心食物、汽油不足，出現恐慌性購買行為，當然就會更助長物資不足的危機。

另外，無論是哪個國家，一定都會有人趁亂掠奪商店或隨機搶劫，這時務必十分小心，避免讓自己遭受波及。

生活基本機能中斷

基本上，敵國一定會率先攻擊發電廠和通訊設備。另外也有可能透過游擊部隊，潛入國內在自來水下毒汙染。

恐慌性購買與供給不足，導致生活必需品匱乏

戰前一定會有許多人不知道發生什麼事而害怕，陷入恐慌後便開始囤貨，進而導致生活必需品不足。

掠奪與強盜等犯罪行為增加

搶劫商家與強盜等魯莽的犯罪行為勢必會隨之增加，這時要避免非必要的外出或是前往危險地區，以免遭受波及。

開戰前，我們該有什麼準備

察覺戰爭發端前的跡象

我們雖然很難正確掌握什麼時候會發生戰爭，但戰爭的原因絕對有跡可循。戰爭爆發之前，一定會伴隨某些徵兆。

最不意外的情況就屬與鄰國關係的惡化。除了歷史認知的差異、宗教認同落差所造成的紛爭，一旦進階到領土之爭的階段，隨時都有可能發展成戰爭。

恐怖攻擊增加也可視為開戰前的徵兆。如果是能明確歸類為個人恐攻行為者當然另當別論，但若是有組織性的恐怖攻擊，便很可能是某個國家或團體組織挑起戰爭的初步策略。另外，當鄰國發生戰爭時，各位必須意識到，自己的國家在地理位置上也可能被捲入紛爭。

當國內的外國企業與大使館人員開始撤退時，就表示外國人士已經可以嗅到煙硝味，他們會做出撤退的決定，即是掌握情資顯示情況危急的證據。因此我們必須經常閱讀新聞報導，掌握戰爭的徵兆。

STAGE 1 開戰前

想要找出戰爭爆發的徵兆，除了要對國內外情勢具備敏銳度之外，更必須掌握新聞時事。

開放式安全圈的界定

護衛情況

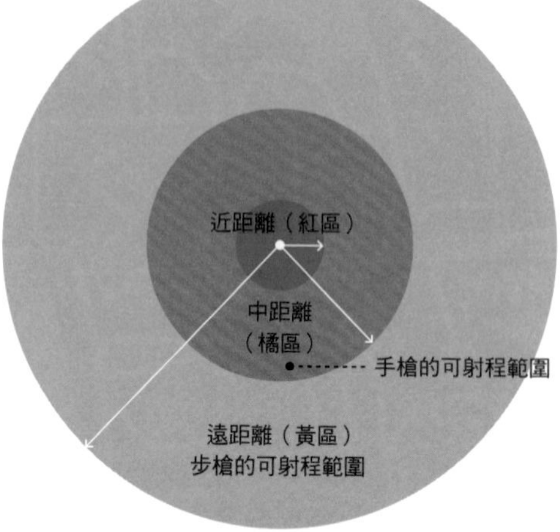

開放式安全圈（Open Security Circle），是指能簡單彙整出對自己或家人存在危險性威脅的思考模型。

這原本是運用在護衛目標對象的概念，以要保護的對象為中心描繪圓形，並以危險程度為半徑，將藍區歸類為安全範圍，橘區與黃區視為中度危險範圍，紅區則視為高度危險範圍，讓所有負責護衛的人員皆能掌握具危險性的事物。舉例來說，藍區屬於步槍也無法射擊到的範圍，橘區則是手槍可達的距離，紅區為能夠直接接觸的距離。依照不同情況，圓的範圍有可能會縮小或放大。此外，當中間的保護對象

應對犯罪

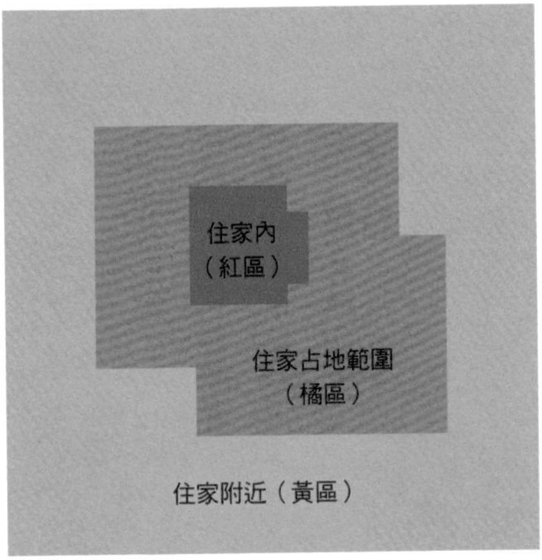

彙整出可能發生的危險

開放式安全圈的思考模型能夠幫助我們整理出可能遭遇的危險，並共享該如何處理的因應辦法。事先預想規劃，遇到緊急情況時就能沉穩解決。

移動時，安全圈也會跟著一起移動。

將安全圈的概念套用在家庭或自己身上時，那麼住家內部便屬於紅區，住家占地範圍屬橘區，住家附近則屬於黃區。另外也要注意，某些情況並不會以距離遠近來區分，而是當發生A狀況時屬於黃色，發生B狀況時屬於紅色，改以威脅的類型作顏色分類。

關鍵在於自己與家庭成員都要清楚知道，遭遇危險時必須擁有足夠的警戒，並依照不同區域，做出正確的因應。

對此，希望各位能養成習慣，平時便整理出自己生活圈內潛藏著哪些危機。

製作戰時地圖

為了應付戰爭即將來臨，各位一定要事先製作戰時用的地圖。這是一張預先調查彙整生活動線周遭的地圖，能夠幫助各位知道發生戰爭時，住家或公司周圍哪裡危險、哪裡是安全的避難地點。

各位必須先調查當炸彈或飛彈警報響起時，應該逃去哪裡、避難路線又是如何，並標示出騎樓下方等不可停留的地點（詳見74頁）。同時要在多個方位設定數個可避難的場所。

另外，還必須事先掌握公共建設、公家機關設施等附近可能遭受敵人攻擊的地點。除此之外，也要標示出受傷時能接受治療的醫院、可

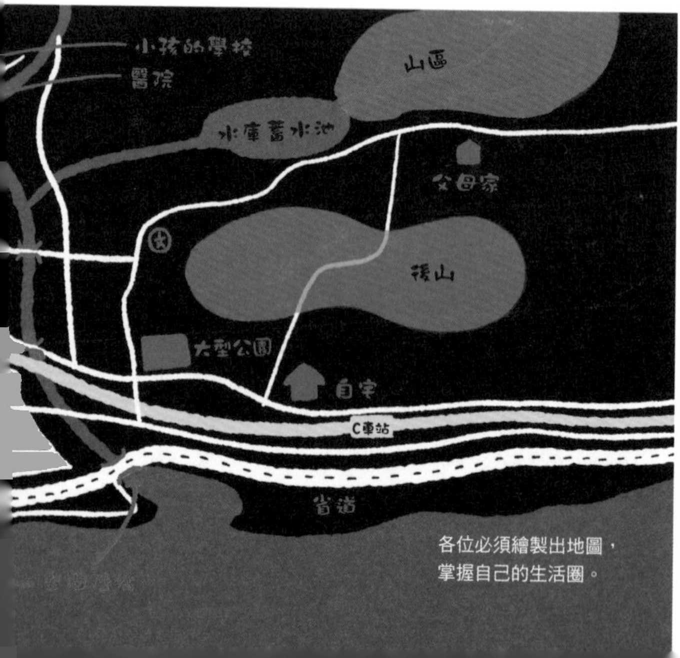

各位必須繪製出地圖，
掌握自己的生活圈。

取水的公園，以及下一頁會提到的緊急集合點等，還有必要的設施與地點。如果能夠在地圖上整理出家人通勤的學校或公司當然更好。

由於戰爭開打時，電車或公車等交通運輸工具都可能停擺，因此這份地圖必須以徒步移動的方式來規劃路線。

像這樣事先掌握好萬一發生戰爭之際，哪裡危險、哪裡安全，以及該如何前往約定好的地點，就能避免因為突發狀況而不知所措，不慎錯失良機的遺憾。此外，若地圖是以電子檔案的形式製作，可能會因電腦損毀而無法讀取，因此建議畫成紙本或列印備用。

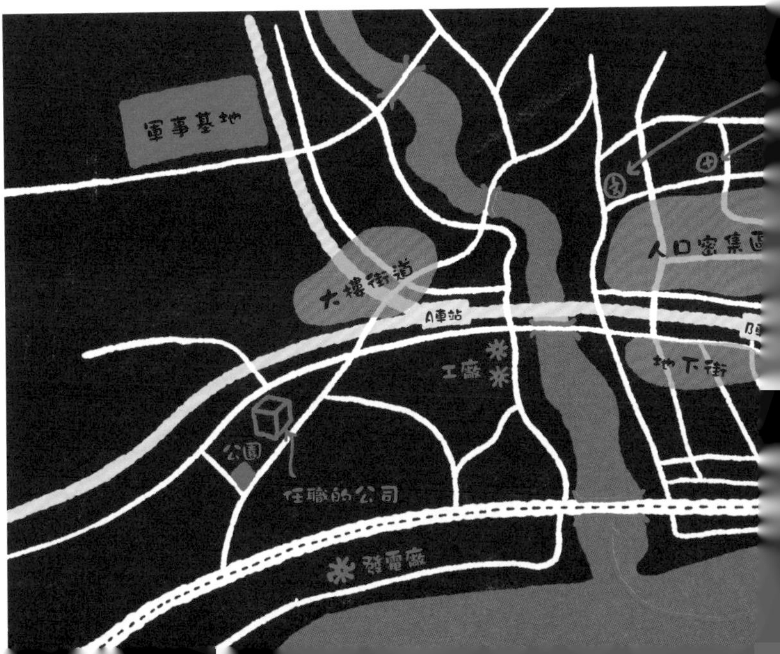

預先約定緊急集合點

突如其來遭受炸彈攻擊或戰爭開打時，家庭成員或許當下四散各地，身處不同的地點。能夠在第一時間回家集合當然最好，但如果房屋傾倒、遇到火災或遭受某些攻擊，導致無法靠近時，家人們不得已之下只得逃往各地。這時也極有可能因訊號切斷而無法使用手機，因此事先決定緊急集合點就成為非常重要的關鍵。

萬一遭受飛彈或炸彈攻擊時，我們無法得知街道會變成什麼模樣。每天經過的街道可能滿是瓦礫無法通行，決定好的集合點也可能遭受破壞，因此至少要列出三個緊急集合點。屆時情況想必會非常混亂，建議要訂出「在庭院裡的這棵樹集合」等較具體的位置。尤其空襲過後市區街景模樣會大幅改變，所以一定要選擇容易找到的地點。

挑選集合點的重點，在於必須遠離可能受攻擊的設施，如果能有避身之處更是理想。集合點可以是有堅固混凝土牆的設施，也可以是森林小屋。準備數個不同類型的集合點，就能視情況決定應該前往哪個地點集合。這也意味著所有家人都必須共享相關的資訊。

與家人決定集合點，以不易遭受攻擊為前提至少設定3個地點

有儲備資源的自宅為第一集合點。有時可能必須在集合點停留數天，因此建議選擇安全，且備有所需資源的設施或地點

確認儲備品

一旦戰爭開打，無論是日用品還是食糧的物流都將受到影響，導致供給不足。建議平常就養成在家儲備至少三天份食糧與水的習慣，避免遇到戰爭時而恐慌。有些家庭的成員中可能有年幼孩童、老人或過敏體質者，因此每個家庭要準備的必備物品會不太一樣，這時就必須思考哪些是自家人生活模式所需的物品。平時備妥儲備品，相信也會對地震等災害來臨時有所幫助。

除此之外，各位更需要備妥避難時放置攜出物品的隨身救急包。包中內容物會於下頁做更詳盡的解說。

以家庭為單位列出備品

該儲備哪些物品，依每個家庭的生活模式有所不同，各位不妨想想看自己的家庭需要哪些東西。

隨身救急包內容範例

類別	準備用品
基本求生用品	刀子（瑞士刀等）
	細繩或麻繩等粗度較細的繩子
	頭燈或手電筒
	地圖
	指南針
	筆與便條紙
遮蔽物	帳篷或天幕帳
	急救毯
	防水墊
	睡袋
	輕便防寒衣物（羽絨外套等）
	雨具
取水用品	水瓶
	鍋具
	攜帶型淨水器
生火用品	火柴或打火機
	瓦斯爐
緊急食品	高卡路里能量棒
	維生素
	堅果或乾糧等
	各類餐具
	調味料
衛生用品	牙刷
	紗布
	OK繃、繃帶、消毒藥品、止血帶等醫療用品
	大方巾或三角巾
	口罩
尚有餘裕時可準備的用品	釣具
	睡袋用鋪墊
	替換衣物
	收音機
求救信號或發信號用品	哨子
	鏡子

準備隨身救急包

隨身救急包就是指在緊急時刻攜帶出門的包包。除了現金等貴重物和護照等能夠證明身分的文件之外，還要以逃難地沒有任何資源作為前提，準備至少能存活三天的裝備，並擺放在能夠拿了就走的位置。

家族成員雖然不見得所有人都會一直待在家中，不過建議還是需要一人準備一個隨身救急包。從家中逃脫的路線雖然有限，但若是能夠在枕頭邊、玄關、廚房後門、自己的房間等數個位置都備上一個會更理想。

隨身救急包的內容物，可大致分為「基本求生用品」、「遮蔽物」、「取水用品」、「生火用

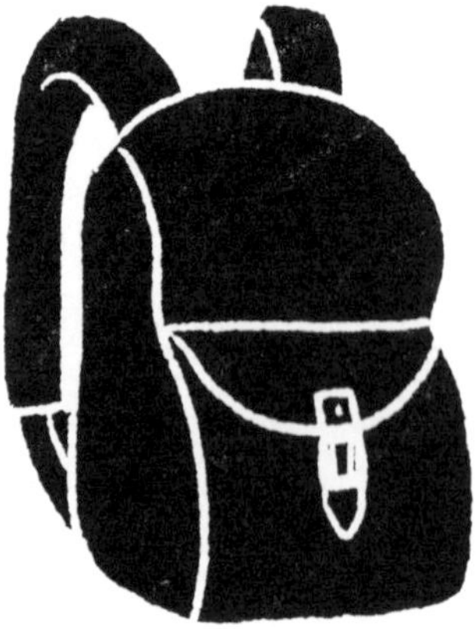

緊急情況背著就走的隨身救急包

隨身救急包裡備有需要物品，在遇到緊急時刻必須立刻逃離時，能夠背著就走。能為每個家庭成員準備一個隨身救急包最為理想，甚至擺在家中、車上等多處，上班地點最好也能準備隨身救急包。

隨身救急包內容物❶ 基本求生用品

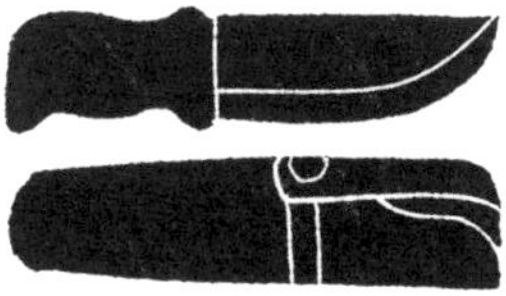

刀子

可選擇多功能的瑞士刀，還能當作武器使用。

繩子

材質要夠堅固。有時還能用來綁起遮蔽物或製作擔架。

頭燈

挑選登山或釣魚用的輕巧頭燈，還要準備備用電池。

地圖與指南針

希望各位一定要學會使用指南針判讀地圖的技能。

哨子

緊急情況時，讓周遭知道自己存在的用品，可事先掛在脖子上。

筆與便條紙

有助整理出接下來的行動，還能用來留下訊息。

隨身救急包內容物 ❷ **遮蔽物**

急救毯

輕薄但保溫效果極佳的緊急用急救毯，可對折縮小體積。

帳篷或天幕帳

登山用帳篷或天幕帳相當輕巧，更是方便攜帶。

品」、「緊急食品」、「衛生用品」、「求救信號或發信號用品」。能夠隨身攜帶的用品量無法太多，所有東西在挑選時必須記住盡量輕巧、可多功能使用的原則。舉例來說，只要放入一塊布，就能作為繃帶或口罩使用。

另外，戰爭期間也有可能遭到化學武器、生物武器，甚至是核子武器的攻擊，建議還要準備帽子、護目鏡、口罩與手套等能夠盡量遮蔽皮膚的物品。

人在經歷戰爭好不容易倖存下來時，失溫反而成為奪走性命最關鍵的因素。被迫在野外環境求生時，要先維持自己的體溫，才有辦法活下來。所以必須準備天幕帳、帳篷、急救毯、羽絨衣等「遮蔽物」。

隨身救急包內容物 ❸ 取水用品

鍋子

有了鍋子就能把水煮沸消毒，當然還能用來料理。

攜帶型淨水器

緊急時不見得一定有自來水，攜帶型淨水器也能使用於戶外活動。

另外也要特別注意的是，寒氣會從地底下竄上來，因此在地面鋪放露營用地墊或毛毯就能明顯抵擋住寒冷，還能增加舒適度，建議各位一定要準備。也可以選擇ＤＩＹ居家用品賣場販售的鋁箔防潮墊。

當體溫得以維持穩定時，接著就要留意水分攝取問題。人類就算沒有補充水分，基本上還能存活七十二小時。但若是流汗量較大，水分也會相對流失較快，所以必須準備足夠的水分。

周圍環境如果能取得自來水或井水當然沒有問題，但如果只有溪水，就必須經過煮沸的程序。市面上也有販售輕巧且高性能的攜帶型淨水器，放入隨身救急包會讓人更加安心。

如果救急包內還能放入登山爐，便可輕鬆將

緊急食品

能量棒

打開包裝就能立刻食用，也不會散發味道，是非常適合戰場的食物。

維生素

壓力會消耗掉大量的維生素B_1與維生素C，須透過營養品補充。

水煮沸消毒。瓦斯罐雖然占體積，卻能立刻點火，火焰也不會太過醒目，在戰場上使用時也相當方便。

對於經常參與戶外活動的人而言，刀子、繩子這類「求生用品」可說是賴以為生的工具。只要是戶外活動達人，有把刀子其實就能做到很多事。

然而，對於使用上不甚熟悉的人來說，刀子與繩子往往只會變成沒有用處的多餘物品。無論是在架設遮蔽物或生火，有把刀子在手會非常方便，希望各位平常就能熟悉使用方法。一旦必須離家避難，生活於屋外時，這些戶外技能將非常重要。

盡量準備輕巧、方便攜帶且營養價值高的食

隨身救急包內容物 ❺ 衛生用品

急救箱

除了止血用品，還包含OK繃、繃帶、消毒藥品，當然不能忘了常備用藥。

口罩

避免吸入遭放射性物質或遭化學物質汙染的粉塵。

糧。推薦卡路里含量足夠的能量棒、堅果及果乾。不過，在缺乏水分的狀態下，只攝取這類食物反而會因為消化而消耗掉體內的水分，這其實不是好現象。不妨選擇登山用冷凍乾燥食品，不僅體積輕巧，只要有熱水甚至常溫水就能泡開食用，味道也相當不錯，非常推薦給各位。除了糯米飯，還有培根蛋義大利麵、咖哩燴飯等，種類多樣可供選擇。

另外，補充維生素也非常重要。處在壓力環境下，維生素B_1及維生素C的消耗量會變大，所以必須攝取較多的營養補給品。

除此之外還需要準備繃帶、消毒藥品等衛生用品。急救箱基本上是為因應止血需求，所以必須備有止血貼布、止血帶，以及消毒藥品或

墊子或毯子

鋪在睡袋下就會變得暖和，毯子也能讓人感到安心。

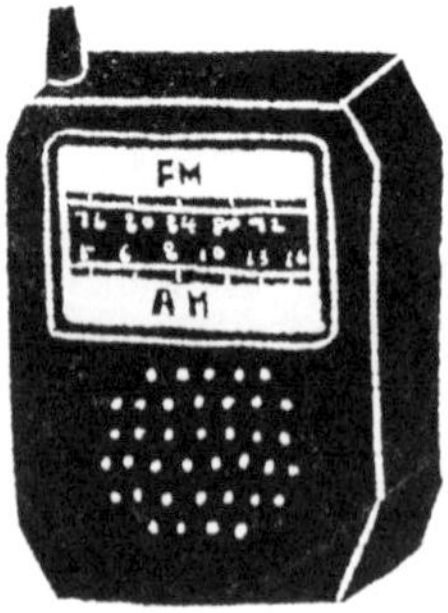

收音機

就算無電、無網路也能使用的收音機會是非常重要的情報來源。

繃帶。在急救箱內放入傘繩（使用於降落傘的堅固細繩）或三角巾，同樣能作為止血帶使用。此外也建議準備防粉塵口罩，避免吸入內含放射性物質或化學物質的粉塵。

隨身救急包中還要準備收音機，這樣才能蒐集情報。當我們沒辦法收看電視或是使用網路時，收音機對於蒐集情報將會非常有幫助。

STAGE 2

游擊攻擊與恐怖主義

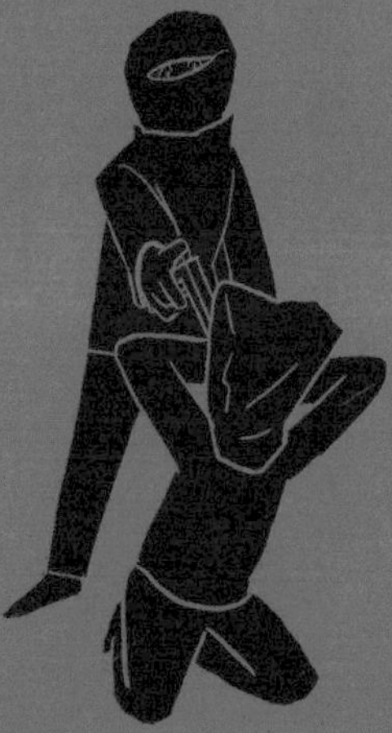

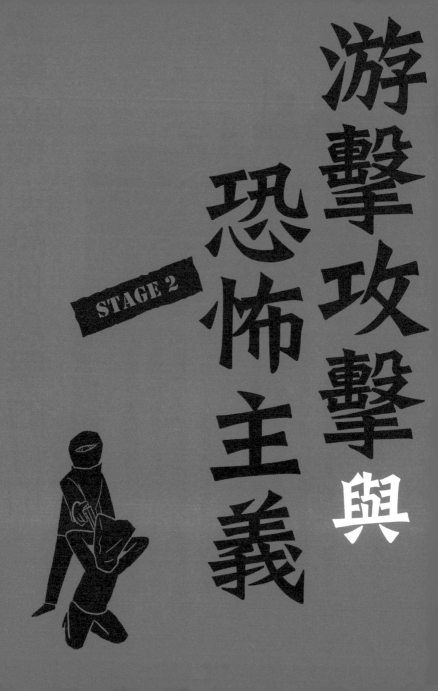

游擊攻擊與恐怖攻擊的可怕

導致國內動盪混亂

敵國在明確宣布開戰或發動正式攻擊前，很可能會先採取游擊攻擊或恐怖攻擊的手段。這些行動不僅是為了讓被攻擊的一方國內出現混亂，更能用來觀察該國政府或軍隊會如何處理混亂。

然而，會發動戰爭的國家並不侷限於經濟實力雄厚、擁有足夠軍備的大國，對於沒有昂貴彈道飛彈或巡弋飛彈的小國，甚至是稱不上國家的恐怖組織而言，游擊攻擊和恐怖攻擊才是最有成效的攻擊策略。

因為這類小規模攻擊不需要動員太多的人力

在明確做出敵對行為、宣布開戰之前，敵國會先採取游擊攻擊或恐怖攻擊。這類攻擊成本低廉，須動員的人數也較少。

與費用。更極端點說，只要有顆炸彈和負責按下引爆鈕的人，就能構成一場攻擊。此外，當作戰行動人數較少，使用的武器體積也不大的話，也就能減少事跡敗露的風險。

再者，利用生物武器汙染自來水系統、在都市釋放化學武器，也都能夠以小規模攻擊帶來極大的傷害。雖然化學武器或生物武器對於持有方也存在風險，不過連日本的宗教團體奧姆真理教都能製造的話，就表示任何人都有可能持有。

當發動方採取無差別攻擊時，所帶來的危害將會很難防禦。對於受攻擊的一方而言，最棘手的情況就屬這類游擊或恐怖攻擊。

游擊攻擊或恐怖攻擊的核心目標

一般來說，可能被視為游擊攻擊或恐怖攻擊目標的對象，基本上會是直接影響維生管線（lifeline）的設施。譬如說破壞發電廠、毀掉水庫、汙染自來水，甚至是對核能電廠發動攻擊都有可能在計畫當中。另外，在正式攻擊之前，敵軍也可能鎖定軍事設施採取游擊攻擊。

如果敵人的目的是為了撼動世界或帶來混亂，那麼人潮聚集的地點也很可能成為攻擊目標。活動會場、購物中心、運動賽事會場、地鐵、金融機構、學校等都有遭受攻擊的風險。日本將於二〇二〇年舉辦奧運（譯註：因COVID-19〔新冠肺炎，俗稱武漢肺炎〕疫情影響，已確定延期），比賽會場都可能成為最佳的攻擊目標。

或許會有人認為日本很安全，禁止攜帶武器，恐攻者也很難入境。不過仔細想想，日本國內其實早已存在大量的違法藥物及槍械，所以「日本很安全」根本就只是假象。恐攻者想要摸黑從海岸登陸並非難事，這些恐攻後備軍甚至會假扮成普羅大眾，一步步地暗中執行計畫——不對，他們或許已經備妥一切，悄悄潛伏在核電廠附近，等待最佳的攻擊時機。

活動會場與都市人口密集區

民眾聚集處非常容易成為攻擊目標。每個禮拜各地都一定會有聚集數千、數萬人的活動，這些都可能是被鎖定攻擊的對象。

軍事設施

若敵軍計劃在未來發動侵略行動，通常會先以游擊攻擊試探軍事設施，因此居住附近的民眾就有可能遭受牽連。

攻擊的種類

游擊攻擊與恐怖攻擊會非常突然地發生，而且攻擊方法也相當多樣，我們根本無法預測對方會使用哪種武器。如果是引爆炸彈、用槍械掃射的單一性攻擊，那麼受害範圍相對便會受到侷限，可是也不能排除對方是組織性地在多個地點同時發動恐攻的可能性。此外，如果攻擊目標鎖定為核能發電廠，或是引爆炸彈，散布化學武器、生物武器、放射性物質時，受害範圍就會一舉擴大開來。

會釋放放射性物質的炸彈，又名為髒彈（dirty bomb），它與會透過核反應爆炸來破壞目標物的核彈不同，而是以散布放射性物質的方式，引發放射性汙染。這類攻擊只要散布放射性物質即可，所以不需要像核彈一樣的高科技或高價費用，只要有辦法取得放射性物質，再加上能夠製作一般炸彈的技術即可完成，因此這也讓髒彈成了游擊攻擊與恐怖攻擊最理想的炸彈。

另一方面，儘管說是攻擊，但其實並不一定需要真正的武器。例如駕車衝入人群這樣的簡單方法，同樣也能達成目的。不得不承認，我們真的很難預測何時、何地會發生什麼樣的攻擊。

爆裂物

恐攻最常使用的武器。結構雖然簡單，威力卻非常強大。另外還有身懷炸彈，使殺傷力發揮至極限的自殺式恐攻手段。日本雖然較難製造或取得高性能炸彈，卻仍有可能從海外流入。

槍械

各位千萬別以為日本沒有槍械。手槍、突擊步槍、機關槍等槍械種類非常多，可在街上突然掃射，或用來控制商業大廈，使用方法廣泛。

化學武器

透過芥子氣或沙林毒氣等化學武器，使人體確實遭受顯著的傷害。國際法雖然禁止使用這類非人道武器，但在日本，奧姆真理教就曾使用過沙林毒氣與維埃克斯（VX）神經毒劑。

暴走車

誰都能夠駕駛的車輛，只要改變使用方法就可能變成凶器。只要加快車速、衝入人群，至少就會造成數人甚至數十人死亡。這種攻擊方法可說幾乎無法預測。

駭客

駭客對於一般平民百姓或許較沒有關聯，不過他們會駭入國家或企業管理中樞的電腦，盜取或破壞資料。這毫無疑問也是恐攻行為，還可能帶來極大損害。

防不勝防的衝撞攻擊

近年的恐怖主義行為當中，最令人恐懼的就屬衝撞攻擊（ramming attack）。Ramming是指猛撞，也就是開車暴走衝中入人群中的行為。路人接連遭輾壓導致死傷，而且當車子衝入人群無法再前進時，犯人可能還會下車，繼續無差別地以刀子行兇，殺害大量民眾。

這類攻擊最可怕之處，在於我們完全無法預測發生的地點與時間。車輛隨處可見，任何人都能駕駛。若是由犯人一手策劃犯行，就真的毫無跡象可言了。

各位或許認為，只是使用刀子行兇，不至於造成太大的傷害吧？但這樣的想法是錯誤的。如果是外行人拿刀行兇可能傷害有限，但若是充分接受過用刀訓練的士兵，那麼受害者人數可能會是好幾倍，甚至更可觀。

受過用刀訓練者開始靠近並準備殺害你的時候，當然不會讓刀子外露。你甚至不會察覺那個士兵手上握著刀子。兩人擦肩交會後，你的喉嚨就會被長長劃過一刀，在還沒意識到發生什麼事的情況下就瞬間斷命。雖然一般都會聽聞亂刀刺捅的方式，但這種方式只會讓犯人時而興奮、時而恐懼，無法刺在致命部位。訓練有素的士兵會採取最低調的行動，以不引人側目的方式連續殺人。這種攻擊的傷害程度就可能等同甚至超越炸彈。

如果不是用刀，而是改拿槍又會變得怎麼樣呢？即便只是持槍，外行人與訓練有素的士兵一樣會帶來完全不同的結果。有些掃射攻擊事件僅出現數名死者，那是因為犯人不懂如何用槍。只要是懂技巧的沉穩士兵，其實會先射殺逃跑者，而不是站在眼前的民眾。如此一來就會使受害程度變得更嚴重。

難以預測的衝撞攻擊

開車衝入人潮聚集處，輾死民眾後，繼續無差別地以刀子行兇殺人。若動機出自個人，那幾乎就是無法預測、也無從阻止的恐攻行為了。

如何避免游擊、恐怖攻擊

不前往人潮聚集場所

光憑一己之力，想要事前預測何時何地會發生游擊攻擊或恐怖攻擊，可以說根本不可能辦到。那麼，我們要如何避免遭遇這類攻擊呢？

最好的方法只有一個——就是不要前往會變成攻擊目標的地點。游擊攻擊或恐怖攻擊的目標往往鎖定人潮聚集處、軍事設施，以及管控維生管線的設施。唯有不要靠近上述場所，甚至不要居住在附近，才能避免捲入發生在這些要地的攻擊活動。

不過，如果各位現在任職或生活於都市內，可能就會覺得這個方法非常不切實際了。大家難免懷疑，難道真的要為了不確定是否會發生的威脅，就要立刻搬家、換工作、讓小孩轉學嗎？會如此質疑也是在所難免。不過可以肯定的是，未來全球發生游擊攻擊和恐怖攻擊的風險一定會增加。

有鑑於此，就算沒有立刻採取行動，我還是希望各位對戰爭的氛圍保有敏銳度，並且做足準備，讓自己在察覺威脅升高時就能夠立刻避難。舉例來說，如果在不會被視為攻擊目標的地區能有個避難場所，那麼就比較容易立即前往避難。最少也要模擬緊急情況下該如何逃、往哪逃的路線。

如果是住在都會區，就要避免前往危險性較高的地點。擁有高度危機管理意識的人，不會喜歡人潮聚集處。各位別忘了，人氣歌手的演唱會、運動賽事會場都是恐怖分子最理想的攻擊目標。因此前往這些場所時，就要先在腦中模擬萬一發生爆炸時的逃脫路線，或是武裝分子進攻時的避難路線。我們只能隨時做好最壞打算，不要疏忽準備。

攻擊往往發生在人多處

只要是人口集中的都市，隨處都可能成為攻擊目標。唯有避免前往人潮聚集處，才是最有效的保身辦法。

每天都要確認的例行事項

為了能儘早察覺恐怖攻擊等潛藏在你我身邊的危機，希望各位務必保持警覺，時時意識到「基線」。

所謂的基線（baseline），係指平常生活的基本狀態。舉個容易懂的例子，好比上班或上學時，都會看見在清潔打掃街頭的先生，總能聽見鄰居電視傳來的聲音，或是經過餐廳時聞到的味道。人的生活雖然每天都會變化，不過一定有某些人、事、物，聲音或味道不曾改變。觀察並記住這些基線，將有助於在關鍵時刻發現異常。

各位平時也可以有意識地建立起自己的基線。像是明確區分桌上物的擺放位置，在餐廳用餐時若要中途離席，固定一套湯匙、叉子或杯子的擺法，統一錢包裡每張鈔票的擺放方向，收納卡片時維持相同順序等等，由自己決定規則。如此一來，只要有人動過物品，我們就能在第一時間察覺。

什麼是基線？

基線就是日常生活的基準。一樣的景象、一樣的聲音或味道，記住這些事物，就能輕易察覺異樣。

別輕易忽略不尋常的車輛

如果有發現基線遭到破壞的情況，也就是沒看見應該有的事物，反而出現平常不存在於此食此地的事物時，我們便要懷疑發生了某些異常。然而，會破壞基線的跡象並非全部都這麼容易為人察覺。

例如在孩子上學的路上，突然停了一台平常不曾見過的全黑車輛，相信任誰都會覺得可疑。不過，如果換成宅急便的貨車呢？你還會覺得這台憑空冒出的車輛可疑嗎？我們先假設車裡載有準備游擊攻擊或恐怖分子，使用宅急便貨車當然是為了偽裝。站在這些攻擊者的立場來看，自然不可能使用可疑車輛引人注目。各位這時如果沒有意識到基線的改變，就無法察覺危險。同樣的道理，即便乍看之下是很普通的車輛，只要出現的時間與地點不符合平時規律，就要判斷可能有危險。

別忽略破壞基線的跡象，這是迴避危機的第一步。若想提升自己在這方面的敏銳度，除了平常就要充分意識到基線之外，更要試著彙整出危機與發生危機前會浮現什麼徵兆。

發現不熟悉或可疑的車輛

某處停著不曾看過的車輛，或是可搭乘相當人數的貨車，都可能是危險的徵兆。車牌發行區域及駕駛者的國籍等，都是判斷危險與否的條件。

人潮比平常冷清

在國外，照理說應該人潮眾多的購物中心不見人影。這也是基線被破壞的跡象，有可能當地人已經得知將有恐攻的消息。

萬一遇到游擊攻擊或恐怖攻擊「RUN」「HIDE」「FIGHT」的基本原則

在美國，如果遇到槍擊或恐攻事件時，會有基本的行動指標，那就是「RUN」、「HIDE」、「FIGHT」。

當不幸遇到恐攻或游擊攻擊時，第一個要有的念頭就是「RUN」，也就是逃離的意思。聽見槍聲或爆炸聲時，就該遠遠地逃離現場；如果武裝集團進入自己所在的建築內，各位則必須立刻朝出口方向移動。

第一時間不需要去觀察究竟發生了什麼事，各位要做的就是專心逃離，並且立即行動。除

「RUN」

盡速遠離威脅

首先要思考的就是逃離。不要去想究竟發生什麼事，總之先遠遠逃離現場。

非你是非常重要的人物，否則這場攻擊不會以你個人為攻擊目標。只要拉出距離，就能降低敵人追來的風險。

如果發現自己已經無法逃離時，下一個選項是「HIDE」，也就是躲藏的意思。將房間關燈上鎖，躲在桌子下，避免被持槍者發現。最好是選擇四周有混凝土牆圍繞的空間，因為家具或室內裝潢牆壁無法抵擋彈襲。另外也別發出聲響，還要記得關閉手機的震動功能。

除此之外，我們更要事先規劃逃脫路徑與躲藏地點，才能迅速展開行動。事前是否準備得宜，將直接關係到你的生死。

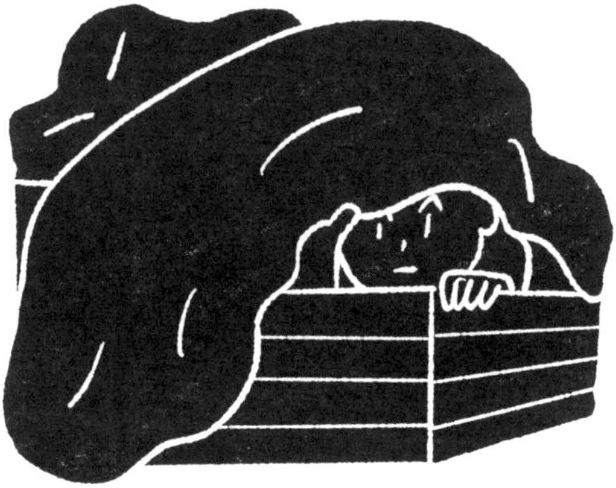

「HIDE」

別被武裝分子發現

如果無法脫逃，就要躲藏起來，不被武裝分子發現。鎖上房門，關掉電燈，不要發出聲響。確保自身安全後，報警處理。

最後唯有反擊一途

萬一無路可逃、無處可躲時，我們這時該怎麼辦？對方如果想挾持你作為人質就另當別論，但如果行為間已明顯透露殺意時，你就只有為了生存而戰。

我們生活周遭其實有很多物品能成為武器。人如果在家中，拿菜刀等刀具當然最直接了當，反擊時要瞄準會致命的頸部。四肢與身體雖然也存在致命部位，但有時隔著衣服較難將刀刃刺入體內；再者，朝身體刺去時，可能會折斷刀刃，甚至下刀過猛而不慎劃傷自己的手，所以瞄準外露的頸部效果會最好。

如果是在辦公室或學校，那麼文具也能成為武器。剪刀、圓規、美工刀，就連原子筆或鉛筆也都能作為攻擊道具，甚至連杯子、信用卡、手機都可成為武器。手邊的武器如果不是刀具，那麼就要朝眼睛攻擊。使用什麼物品攻擊雖然重要，但平常更要思考該如何使用，甚至必須加以練習。

不只是利用武器反擊，各位還需要擁有賭上性命與對方一搏的覺悟。若手中持有武器，就算用再怎麼卑鄙的手段都要贏。攻擊時更不能手軟，必須讓敵人失去意識，以防對方出手反擊。

「FIGHT」

隨處可得的武器或護具

掃把、雨傘等棒狀物雖然是一般生活用品，卻也能成為厲害的武器。若是人在餐廳，還可以利用刀叉、玻璃杯、桌立菜單架來攻擊。

保護自己的隨身護盾

刀子雖然是非常方便的工具，但拿在某些人手上，就會變成可怕的凶器。刀子容易取得、攜帶方便，所以就算沒有戰爭，也會是擁有極高危險性的武器。

萬一看見有人被刀子攻擊，或是自己遭到刀襲時，第一件要做的事就是大聲呼喊。使用刀子攻擊時不會發出聲響，如果對方還是個高手，迅速朝目標的致命處插一刀後，就會立刻轉向下個目標，周遭的人很難察覺危險。因此當各位發現有人拿刀時，就要盡可能提高聲量，立刻大喊：「有刀子！有刀子！」讓身旁的人知道存在著威脅。

如果是自己要被刀子襲擊時，必須立刻拿身旁的物品來抵擋，走在街上會有的東西應該就是包包了吧。刀子的攻擊方式基本上會是直直插入、從旁揮來、由上往下刺、反手持刀刺入這幾種方法，這時必須將背包或公事包放在自己與刀子之間作為保護。建議也可將筆電、厚頁書籍等刀子較難刺穿的物品放在包包外側。平時就要預設會發生刀襲的情況，事先思考包包的內容物以及擺放方法。時時養成這樣的習慣，就不會覺得麻煩了。

大聲呼喊，為自己爭取時間

用刀襲擊者不會發出聲響，因此周遭的人很難察覺，傷害程度也會隨之擴大。所以必須大聲地讓大家知道威脅的存在。

OK範例

○

稍微拉開
自己與包包的距離

包包與身體的距離不可以太遠或太近。讓包包持續介於對方與自己之間，還可以視情況用來將對方撞開。

NG範例

✕

包包位置太遠
手臂易被劃傷

人們會因為害怕而腿軟，或是雙手僵硬伸直。如果對方從旁揮刀，這樣的姿勢會使下臂遭到劃傷。

OK範例

肩背包

若是手邊只有肩背包，可以將背包從肩膀卸下，拿著背帶上下兩處，往內捲起握住。背帶務必纏繞手腕，充分固定。

後背包

卸下後背包，拿取時，將肩背帶或手提處上方往內捲入，減少外露部分。

NG範例

手被對方看見 就會遭到劃傷

握住背包側邊或前方時，手就會外露而被對方看見，並遭到攻擊。所以要將背包作為遮蔽物，確實掩護手部與身體。

如果身處槍口之下

如果身上沒有任何武器，但持有槍械者靠近時，我們究竟該怎麼辦？若是對方很明確就是朝著自己而來，我們在無路可逃、無處可躲的情況下，最好的因應之法就是什麼都不要做。

當對方手持槍械靠近時，基本上一定是有什麼目的。若意圖是殺害，他早就一槍把你擊斃；若對方身著軍服，看起來就像軍人的話，或許只是想要你聽他說說話，若不是這樣，就可能只是單純的竊盜犯，當然也有可能是誘拐。但無論如何，如果選擇抵抗或逃跑，被射擊的風險會非常高。所以要讓對方知道自己不會反抗，不會有任何動作，才能讓死亡機率降到最低。就算被誘拐，總比當場遭擊斃好上許多。

如果對方只是強盜，那就相當幸運。這樣的人基本上只要錢財，所以會想儘快離開。我們能做的就是順應對方的要求，不可以表現反抗或唱反調的態度。在這種情況下，不做任何抵抗其實需要相當的勇氣與覺悟，但如果以活下來為優先考量，這將會是最好的辦法。

不要抵抗才能提高存活率

犯人持槍劫車或強盜時，幾乎都是因為對方抵抗才會開槍。所以提高存活率最好的辦法就是完全不要抵抗。

面臨持槍威脅時，動作千萬不能太快

讓對方知道自己要做什麼

準備從口袋拿出皮夾或身分證時，一定要用言語或動作充分表明意思後，再慢慢行動。

被人拿槍指著時，絕對不能脫口說出任何會激怒對方的言語，或是做出會刺激對方更加激動亢奮的行為。

實際上，持槍指著別人的要脅方其實也會緊張，充滿戒心。即便原先沒有開槍的意圖，一旦受到些許刺激或感到憤怒，都還是有可能扣下板機。

為求安全無虞，我們必須表現出願意配合、沒有要反抗的意思，接著還要強調自己身上沒有攜帶武器。這個時候，我們要舉起雙手，表示自己沒有打算抵抗，接著翻開上衣，讓對方看見衣服內側。記住執行動作時要緩慢，動作

掏出所有物品，強調自己不會反抗

如果對方要錢，請不要抵抗，直接交出錢財。瞪著對方或表現出反抗態度都不是好的行為。

太快反而會刺激到對方。如果是訓練有素的士兵倒無所謂，但若是不習慣用槍的犯人，可能就會不慎扣下板機。

接下來，讓對方知道自己要做什麼，更是攸關生死的重要關鍵。當我們翻開大衣時，必須先用手指著大衣，向對方示意後，接著以拇指與食指捏住外衣一角往上提，慢慢打開衣服。如果突然將手伸入內袋拿取皮夾，那麼絕對會被開槍射擊。

如果我們是在車輛上，忽然從車外被人拿槍瞄準時，往往容易在準備伸手按下開關打開車窗，或是從儀表板拿出皮夾的瞬間慘遭射擊。所以在行動之前，一定要先用手指向開關或儀表板，接著再慢慢動作。

COLUMN 1

各種恐攻類型的處理法

近年來，大多數的恐怖攻擊都發生在非特定地點。以會出現在日常生活中的武力威脅而言，恐攻應該是最有可能遇到，也是風險最高的攻擊。當一個國家長年處於安全狀態，就算想像國內會發生多起嚴重的恐怖攻擊，卻也都只是淪為空想。再加上恐攻模式漸趨多元，想要防範未然或洞燭機先更是困難，這也成了面對恐攻時最棘手的要素。

正如前面章節所述，避免遭遇游擊攻擊或恐怖攻擊的最好辦法，就是遠離恐攻的威脅。不要前往容易發生恐怖攻擊的場所、不要住在可能會成恐攻目標的設施附近，就能大幅降低遭遇恐攻的風險。

這裡就以過去世界上曾發生的五起恐怖攻擊事件為例，探討攻擊的情況、模式、犯人類型以及防禦對策。我們究竟能否遠離這類不幸？若自己身處其間會如何行動，又或是該如何行動？目前只能透過上述思考，來對抗可能會發生的恐怖攻擊。

恐怖主義的型態

當前的恐怖主義已與過去認知大不相同。以前提到恐怖主義分子時，基本上是隸屬某個反社會組織的成員，並且曾在野外受過軍事訓練，負責執行大規模恐怖攻擊行動。

然而，最近的恐怖主義分子卻多半為個人或是小規模團體，他們分散各地，在自己居住的國家過著與其他人一樣的生活，卻同時計劃並伺機發動攻擊。這類攻擊的目標並不侷限於政治或軍事要地，鎖定以一般市民為攻擊對象的案件數更是不斷地攀升，這是因為後者較不容易在事前敗露，相對提高計畫的成功率。

本土恐怖主義（homegrown）

在國內出生長大，卻因認同海外組織的思想而發動恐怖攻擊。不少在歐美長大的人士便是受到伊斯蘭激進組織的影響。

孤狼恐怖主義（lone-wolf）

也就是單槍匹馬的類型。他們是不隸屬任何組織的個人或小規模團體，對於社會或特定勢力抱持不滿或私怨，進而做出恐攻行為。

返國恐攻型

受到伊斯蘭國（ISIS）等注重宣傳的恐怖組織所感化，因而離開自己的國家並加入組織。參加完訓練後，回國發動恐攻行為。

感化型

透過網路等管道，對於激進派組織的主張及思想產生共鳴後，自己在國內發動恐攻行為。由於並非組織性計畫，幾乎無法事前掌握。

CASE 1

巴塞隆納恐攻案

DATA

攻擊手段 ● 衝撞攻擊

發生日期 ● 2017年8月17日

發生時間 ● 16點50分左右（當地時間）

發生地點 ● 西班牙 巴塞隆納

死亡人數 ● 13人

受傷人數 ● 超過百人

概要

犯人駕車衝入巴塞隆納的主要道路，過程中不僅輾過步行的觀光客，車輛更一路衝撞了約500公尺。激進組織伊斯蘭國透過旗下媒體「阿瑪克通訊社」（Amaq）坦承這起攻擊是由他們所策劃，目的是為了報復包含西班牙在內的各國聯軍於敘利亞等地打擊伊斯蘭國的行動。

對策

這類攻擊難以預測，唯一的對策就是遠離會成為恐攻目標的熱鬧街道、大型活動、購物中心，以及人流密集處，或是盡可能縮短停留的時間。案發當天，另一個地點也發生了車輛衝入人行道，與警方爆發槍戰的事件。多起恐攻可能會同步發生，一旦知道有恐攻事件後，就要更加避免前往危險場所。萬一捲入事件當中，可以朝車輛行駛路徑垂直的方向逃離。人類雖然在遇到威脅時會本能地想遠離脫逃，但如果逃離的方向與時速達70～80公里的行駛車輛相同，勢必會被追上。因此務必牢記，當車輛面朝自己駛來時，就要往兩旁逃離。

CASE 2

聖彼得堡地鐵爆炸案

DATA

攻擊手段 ● 自殺爆炸襲擊

發生日期 ● 2017 年 4 月 3 日

發生時間 ● 14 點 30 分左右（當地時間）

發生地點 ● 俄羅斯聖彼得堡

死亡人數 ● 15 人

受傷人數 ● 64 人

概要

發生於聖彼得堡地鐵內的自殺炸彈客攻擊事件。列車在通過先納亞廣場站與科技學院站兩站間的隧道時，發生了釘子炸彈爆炸攻擊。幕後策劃者可能是車臣分離主義分子，或是伊斯蘭國對於俄羅斯軍事介入敘利亞紛爭的報復攻擊。

對策

俄羅斯的確曾軍事介入敘利亞紛爭，爆炸案當天，普丁總統本人甚至就在故鄉聖彼得堡，即便其中夾雜許多政治情勢，但要準確預測某天的某處會發生恐攻仍是極為困難。捲入這類事件時，我們只能遵循爆裂物處理原則來行動，在察覺爆炸瞬間就要趴下身體，因此務必在平日就要做好相關的因應訓練。趴下身體、保護頭部，貫徹所有手段，盡量減輕傷害。此外，若是日常生活會使用到的設施或交通工具，則必須思考有無遮蔽物、有無逃生路徑等，想像各種可能情況，模擬該如何避難。

CASE 3

賭城大道槍擊事件

DATA

攻擊手段 ● 亂槍掃射攻擊

發生日期 ● 2017 年 10 月 1 日

發生時間 ● 22 點 8 分左右（當地時間）

發生地點 ● 美國 拉斯維加斯

死亡人數 ● 58 人

受傷人數 ● 546 人

概要

案件發生於觀光客聚集的拉斯維加斯，擁有美國籍的嫌犯從曼德雷灣賭城飯店的 32 樓，朝向賭城大道沿街舉辦的音樂會會場掃射數千發子彈。槍擊掃射約 10 分鐘後，嫌犯便於房內自殺，而裡頭發現留有 23 把槍枝。

對策

遇到槍擊時，基本上要採取趴臥姿勢，但此槍擊案是嫌犯從飯店 32 樓往下掃射，趴臥反而會增加遭射擊面積。與其當場趴臥，更該優先思考如何拉大與射擊者之間的距離。不過案件發生於夜晚，要掌握射擊位置相當困難。據說飯店房間裡的便條紙中，留有嫌犯計算房間高度與會場間距離，思考如何才能讓死傷人數達到最多的筆記，這場事件更成為美國史上死傷最慘重的孤狼式槍擊案，總計 58 人死亡（不包含嫌犯）、546 人輕重傷。

從這起事件來看，遭遇槍擊時，必須先找到能躲身的遮蔽物，接著再趁空檔移動。

CASE 4

達卡襲擊事件

DATA

攻擊手段 ● 亂槍掃射、炸彈與刀械攻擊

發生日期 ● 2016 年 7 月 1 日

發生時間 ● 21 點 20 分左右（當地時間）

發生地點 ● 孟加拉 達卡

死亡人數 ● 28 人

受傷人數 ● 50 人

概要

位於孟加拉首都達卡，許多外國人居住的高爾杉區發生了 7 名孟加拉武裝分子以槍械彈藥襲擊餐廳的事件。犯人亂槍攻擊，並引爆數枚炸彈。其後更有外籍人士與餐廳員工遭脅持為人質，最終是由軍隊攻堅，成功壓制現場。

對策

據聞武裝分子襲擊時，不僅高喊著「真主至大」，甚至將人質分成伊斯蘭教信徒與非伊斯蘭教信徒，僅給予穆斯林飲水。這也代表兇手殺害異教徒的意圖非常明顯，萬一真的捲入事件，基本上會很難存活下來。當時正值齋戒月尾聲，同時也是伊斯蘭教舉行禮拜的星期五，的確是恐攻行為風險增加的時間點。考量這幾項因素後，其實就該盡量避免外出或外食。餐廳遭襲後，有人從屋頂逃脱，有人則是躲在廁所內獲救。若真的身陷其中，就必須儘早遠離現場；無法離開的話，則要找地方躲藏，才會是最保命的方法。

CASE 5

秋葉原街頭隨機殺人事件

DATA

攻擊手段 ● 衝撞攻擊

發生日期 ● 2008 年6 月8 日

發生時間 ● 12點30分左右（當地時間）

發生地點 ● 日本 東京都秋葉原

死亡人數 ● 7人

受傷人數 ● 10人

概要

嫌犯無視紅燈，駕駛著2噸的貨車朝東京千代田區外神田大道的十字路口衝撞，撞飛5位正在過馬路的步行人。接著嫌犯更下車，以匕首連續殺害17位前來救助的路人們，約莫10分鐘的犯案過程卻導致7人身亡。

對策

這是起個人犯下的事件，嫌犯雖然有在手機留言板留下了犯案預告，但一般人實在很難察覺，因此幾乎是無法事前預測的恐攻行為。嫌犯開車衝撞人群，屬於最典型的衝撞攻擊。為了避免遭受這類傷害，站在十字路口時要避免離馬路太近，行走時也不要太過靠近馬路。另外，更必須意識到行人專用區非常容易成為攻擊目標。如果有車輛從前方駛來，一定要記住往左右兩側逃離的原則。如果回頭張望，並且往筆直方向逃離，便很容易落入犯人的視線範圍，進而成為最佳攻擊目標，當然就一定會被車輛追上。此外，發生刀械攻擊事件時，務必立刻大聲告知周圍的人，避免傷害擴大。

開戰

STAGE 3

彈道飛彈飛來了

什麼是彈道飛彈？

戰爭真正開打之際，首先會發生什麼事？實際上，第一波比較有可能遭遇到的攻擊是彈道飛彈。彈道飛彈是指能夠爬升到大氣層的高度之上，做遠距離攻擊的飛彈，長射程的彈道飛彈甚至可達一萬公里。舉例來說，東京到莫斯科相距七千五百公里，到北京約兩千公里，到巴黎則是九千七百公里左右，因此射程一萬公里的遠程飛彈幾乎能從任何一洲攻打位於其他洲的國家。

此外，彈道飛彈不僅能從陸地發射，也能從潛艦發射。說實話，地球上沒有一個地方能夠

某個國家想要對敵國發射彈道飛彈時，想必不會事先預告吧？所以一旦發現蹤跡時，飛彈可能已經來到距離國土不遠的上空了。

躲避彈道飛彈的攻擊。

對攻擊方而言，使用彈道飛彈的首要好處在於不會造成自家軍隊的損害。與其即刻派出大量士兵登陸敵營，不如隱藏地躲避起來，朝對方發射彈道飛彈，更能明顯降低危險，所以先用彈道飛彈試水溫會是比較常見的攻擊模式。

彈道飛彈的可怕之處，不單只是能夠遠程飛射，還可以搭載核子武器、化學武器或是生物武器等殺傷力驚人的武器。

彈道飛彈雖然飛行距離長，可是若是要瞄準某個軍事設施或某位政治家的宅邸作為目標，命中率卻沒有很高；而且一組彈道飛彈造價動輒高達數十億日圓，極為昂貴。如果只是搭載一般炸彈，針對小區域進行攻擊的話，花費的成本實在不符合產出效益。萬一真的有彈道飛彈飛來，那麼上面勢必要搭載殺傷力符合其花費成本的彈頭——這意味著飛彈上極可能裝有核彈等級、殺傷力強大的武器。

話雖如此，想要製造這類武器，先決條件是必須擁有先進技術與龐大資金，所以持有彈道飛彈的國家並不多。包含可能持有的國家在內，目前世界上握有核武的國家約莫十國。再者，假使動用彈道飛彈展開攻擊，也很可能遭到毀滅性的報復，因此與其作為攻擊武器，彈道飛彈的存在其實更側重戰略考量，也就是更適合作為威嚇他國的武器。

順帶一提，巡弋飛彈是很容易與彈道飛彈混淆的另一種飛彈。巡弋飛彈並不會以弧形彈道發射，而是像飛機一樣，能透過搭載的噴射引擎平行飛行。巡弋飛彈的射程距離可從數百至一千公里，除了可搭載核彈頭，還備有極精密的瞄準系統，所以大多會搭載一般炸彈，進行定點式攻擊。與核武相比，巡弋飛彈的持有國家數及飛彈總數量明顯增加許多。因此總結來看，真正使用於戰爭的飛彈當中，其實是以巡弋飛彈的數量占多數。

COLUMN 2

日本的反彈道飛彈

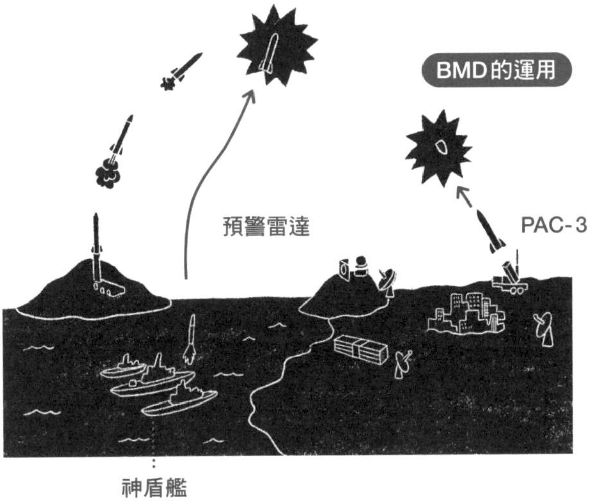

日本同樣有可能遭受到北韓彈道飛彈的威脅，而飛彈防禦系統（Ballistic Missile Defense，BDM）將能對抗此等威脅。這套系統基本上就是以反彈道飛彈，攔截迎擊而來的飛彈。飛彈有可能在飛行於極高的大氣層外就遭到神盾艦的反彈道飛彈攔截，也有可能在飛入大氣層時，遭地面的反彈道飛彈擊落（例如愛國者三型飛彈（PAC-3））。

此外，日本也打算在陸地部署能夠收集精密情報，同時具備射擊能力，相當於神盾艦等級的岸基神盾（Aegis Ashore）反彈道飛彈系統。

哪些地點容易成為攻擊目標？

人潮聚集的市中心或軍事設施

對敵國來說，會造成威脅的軍事設施、天然氣電力等公共建設，以及易聚集大量人潮的市中心，都是絕佳的飛彈攻擊目標。

不管是彈道飛彈或巡弋飛彈，既然要使用昂貴飛彈，攻擊對象當然就不可能模稜兩可，所以一定會以某處設施或某個區域定為明確目標。首先會成為攻擊對象的是軍事設施。軍隊司令部、飛行場、飛彈放置處這類重要的軍事據點都將成為目標。敵國雖然不可能直接瞄準平民百姓，但如果住在這些設施附近，被無辜波及的可能性就很高。

另外，聚集大量人潮的市中心也很危險。若敵國真要行動，應該會採取能夠摧毀半徑一公里範圍的飛彈攻擊吧，而且通常會發射數枚，不單只有一枚。就算當下真的幸運逃離，對方也有可能已經瞄準好一般大眾可能會逃往的地點。我們不僅無法預測這類飛彈攻擊，也難以射擊或是發射防禦，所以聽見警報後，當下能夠做的就是立刻避難，保持防禦姿勢。

大都市是否會遭到殺傷力強大的武器攻擊，將取決於敵國的意圖。如果對方只打算占領該國的設施，繼續統治的話，為確保獲取最大資源，那麼就不會發動大規模攻勢，而是改用小型核子彈。如果空投的是廣島或長崎等級的原子彈，那麼事後處置將會變得非常麻煩。不過，假若敵軍恨意極深，已做好殲滅打算的話，當然就不會有手下留情的可能。或許有人認為，主要都市多半會設有其他國家的駐外使館，敵國應該不會貿然採取無差別攻擊吧？但實際上，發動戰爭的一國還是有可能毫不在意，直接投下大型核子彈。

千萬不可前往的危險地點

知道飛彈即將墜落時，哪些地點是絕對不能逃往呢？其中最危險的地方莫過於都會區的高樓地帶，玻璃外牆的大樓林立區域更是千萬不可前往。

大樓的高樓層會直接接觸爆炸波，所以非常危險。一旦聽見警報後，就必須儘快往下方樓層避難。另外也要注意，此時電梯可能會中途停止升降，因此下樓時務必改走樓梯。

如果人在家中，想到房屋可能會傾倒，當然不會想待在一樓。尤其是位處住宅密集區域時，一旦建物倒塌，便有可能被壓在下方，所以避難時要逃往二樓以上。

高樓大廈之間非常危險！

如果身處在大樓之間的通道，一旦建物倒塌，根本就無處可逃。爆炸波也可能使玻璃震毀而掉落碎片，非常危險。因此聽到警報後，一定要馬上離開現場。

緊急警報響起，這時該怎麼辦？

以日本為例，當飛彈飛來時，政府會發布緊急警報。不過如果是鄰國發射的飛彈，只需要短短的十分鐘就能抵達日本。從飛彈發射到警報鳴起，更是已經經過數分鐘，最後實際上能夠採取行動的時間約莫只剩五分鐘。

這段時間各位所能夠做的，頂多就是前往相對安全的地方避難。我們需要在第一時間找到能夠盡可能抵擋飛散碎片與放射線的遮蔽物，如果附近有混凝土材質的堅固建物，請即刻前往避難。成功避難後，還要記得盡量壓低自己的身體。

身處屋外時

► **盡量往堅固建物或地底避難**

身處屋內時

► **遠離窗邊，壓低身體**

無建物可躲時

► **找地方遮蔽，壓低身體或趴下**

若來不及逃離高樓地帶，可以像右圖一樣，用包包抵擋來自頭頂的墜落物

COLUMN 3

全國瞬時警報系統

全國瞬時警報系統（J-Alert）

> 最近
>
> ⚠ 緊急快報　　1分鐘前
>
> **緊急快報**
>
> 政府發布快訊
> 20XX／XX／XX
> 「飛彈發射了！飛彈發射了！Z國疑似發射飛彈，請至堅固建物或地底避難。」
> （總務省　消防廳）

美國飛彈預警衛星、陸上雷達或是日本神盾艦偵測到有飛彈朝日本發射時，就會對危險區域立刻發出警報。這就是日本的全國性警報系統——全國瞬時警報系統，又稱為J-Alert。

不只有飛彈警報，J-Alert也能在發生地震、海嘯、氣候災害等緊急情況時，發出相關資訊的緊急快報簡訊，或是在鄉鎮市區的戶外廣播放送，以及於電視頻道播放。日本市區會播放機械式的警鈴聲作為飛彈警報，當二〇一七年北韓的彈道飛彈掠過日本上空時，就曾發出J-Alert。

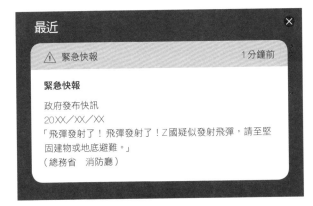

尋找保命之所

知道即將有飛彈來襲後，就要立刻躲入附近的建築物，為自己與爆炸地點間尋找遮蔽物。遮蔽物要盡量選擇愈重、數量愈多的類型，所以混凝土製的堅固建築是最好的避難選擇。如果附近沒有混凝土建物，那麼任何建築都可以，總之就是要確保自己與爆炸發生處之間能夠有個遮蔽物。可是，各位一定要謹記遠離窗邊，避開可能因爆炸而飛散的玻璃片。另外也可以躲到地下街或地鐵內避難，假若引爆的武器是核彈，那麼唯有躲到地底，才能避免身體接觸到放射性落塵。

如果沒有能夠入內躲藏的建物，牆壁、公園長椅、橋下也都是可考慮的選項。總而言之，就是要找到自己可藏身的地點。即便是在室內，也要躲在遠離玻璃窗的位置，盡量移動至沒有窗戶的房間。如果很不幸地周圍完全沒有任何的建物或遮蔽物，那麼就要盡量壓低身體，也就是趴地。認真說來，萬一你人在飛彈落點附近，坦白說其實得救機率其實不高；若是遭到核彈攻擊，彈襲後還會有放射性落塵，想要活命就更加困難。不過如果能做點行動，減輕自己會遭遇的災害，都應該毫不猶豫地去嘗試。讓自己活下來才是最重要的目標。

身處都會區

移動至地鐵、地下街、大樓中

首先要尋找有無前往地鐵或地下街的入口。下樓時，恐慌人潮會大量湧入，甚至有可能會發生踩踏事件，因此要特別小心。若是面臨核彈攻擊，那麼至少要待在室內12小時～1天的時間。

開車途中或在電車裡

電車：遠離車窗，移動到車廂中並壓低身體

為了避免遭受到爆炸波攻擊，要遠離車窗，盡量壓低身體並保護頭部。在日本，聽到警報聲時做這個動作的人或許不多，但如果想要活命，就要毫不猶豫地採取行動。

開車中：停車熄火，就近尋找可供避難處

正在開車時，爆炸波會讓人無法控制方向盤，整台車子甚至有可能被爆炸波吹飛，因此必須停下車輛，附近若有安全建物，就該前往避難。若還有時間，當然也可以直接把車子駛入地下停車場。

靠著邊牆，壓低身體

萬一走在住宅區時警報響起，就該縮身躲往左右兩側的邊牆，並壓低身體。雖然我們無法得知飛彈會往哪個方向墜落，但總比站著等死好。不過，如果是地震的話，邊牆可能會倒塌，所以遇地震時就不要躲在邊牆旁。

躲在橋下

堅固的混凝土橋下會是很好的避難場所。如果車子正好開到橋附近，那麼建議下車並躲入橋下。

趴在長椅下

正在公園陪孩子遊玩或野餐時該怎麼辦？雖然公園沒有什麼較好的遮蔽物，但躲入長椅下還是有些許幫助。尋找任何能躲藏的空間，壓低身體，等待炸彈爆破。

無處可躲時，也必須壓低身體

飛彈通常不太可能落在毫無遮蔽物的地點，如果警報鳴起時正好位在這些地方，則須壓低身體，保護頭部。

行經農地，躲在農用水渠的坑道中

如果是在農村地區，就幾乎沒有能夠躲身的地方了。不過，可以躲進農用水渠的混凝土坑道中。

位於屋內

盡量遠離窗邊

爆炸波吹破窗戶玻璃，會射出數百、數千枚銳利的玻璃碎片。為了把災害降至最低，就要盡可能移動至遠離窗邊的位置。

絕對要緊閉窗簾

關起窗簾，也能有效預防爆炸波吹破玻璃所造成的碎片。有雨戶（譯註：日式建築的一種木製門板或拉門，用來遮蔽風雨）當然也要關上，沒有的話則要記得緊閉窗簾。

將床鋪推離窗邊

在中東的紛爭區域，當地居民絕對不會將床鋪擺設在窗邊，這是為了避免窗戶玻璃破裂而受傷。另外也最好還能夠準備鞋子。

保護身體的防禦姿勢

正確趴法

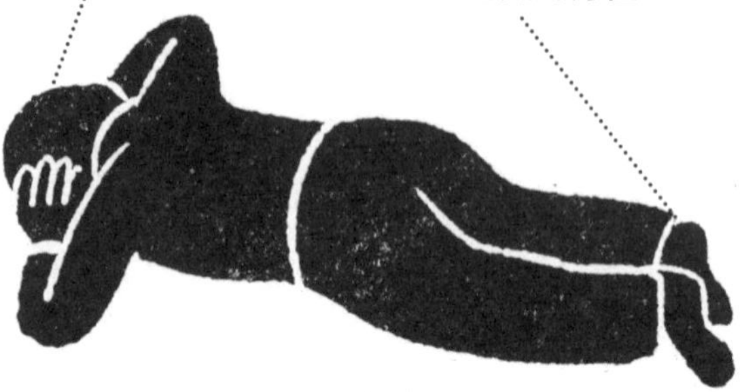

被飛彈擊中當然必死無疑，但即便如此我們還是要想辦法活命。如果身處室內，就要讓腳朝向窗邊，壓低身體。

當我們移動至適當地點後，接下來要做的就只能擺好姿勢，做好準備迎來炸彈的襲擊。不只是飛彈，所有爆裂物的因應方式基本上都相同，動作本身其實也不難，原則上就是盡量壓低身體。

實際執行時，或許會覺得難度相當高，各位只要謹記下面這個原則。如果能辨認出爆炸的方位，就要讓腳朝向該方向，並且往反方向趴地；如果身處室內，則是要背朝向窗邊趴地，這樣才能優先保護最重要的頭部。

接著還要用無名指與小指遮住眼睛，拇指塞住耳朵。塞住耳朵這個動作是為了預防爆炸衝

避免衝擊波導致耳膜破裂、眼球突出

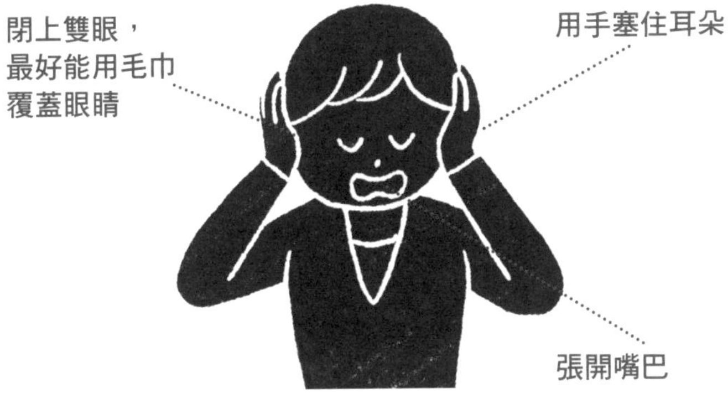
閉上雙眼，
最好能用毛巾
覆蓋眼睛
用手塞住耳朵
張開嘴巴

炸彈著地時的衝擊波，可能會導致耳膜破裂或眼球突出，為了預防受害，應塞住耳朵，閉上眼睛或用手遮住雙眼。

擊導致耳膜破裂，而遮眼則是能夠避免眼球突出，最好還能夠用毛巾覆蓋眼睛。如果緊急情況下手邊沒有任何可運用的物品，那麼只要閉上眼睛、塞住耳朵即可。

最後還有一件事情要做，那就是張開嘴巴。這也是為了避免爆炸衝擊所產生的氣壓變化造成耳膜破裂或是眼球突出，不只是被襲擊的一方，各國軍隊自古訓練時，也會教導發射大砲或爆破炸彈過程中必須張開嘴巴。然而，這時不可忘了要背對著爆炸方向，因為爆炸波的高壓可能會從口中進入衝擊體內，對肺部造成傷害，所以仍需要特別留意。我們無法瞬間做出這種保命姿勢，各位平常應和家人一起練習，熟悉動作。

具體行動事先決定

知道飛彈要落地，或是聽到警報響起後才開始思考要怎麼行動，勢必將難以活命，所以事先計劃好遇到這些突發狀況時該如何行動因應，可說是非常重要的關鍵。

不單是飛彈攻擊，當遇到地震、海嘯等天災或是任何緊急情況時，都應該先做好計畫，事情發生時才會知道該如何具體行動。各位務必謹記，有無緊急計畫將攸關生死，所以必須要有具體的行動指標。

舉例來說，當我們在家時如果飛彈襲擊而來該怎麼辦？是要趴下？還是逃跑？如果只有想到這些不能算是具體的計畫。更完整的計畫必須是爬上二樓，搬移櫥櫃挪靠牆壁，接著從東邊開始關上雨戶，拿著隨身救急包，趴在床鋪旁邊。如果家人也在家，就要思考誰趴在哪裡、趴的方向、誰負責拿什麼物品，以及後續的逃脫路線。具備上述這些內容，才能算是計畫。話說回來，中東戰火頻繁的區域，絕對不會有人把床擺在玻璃窗旁，居住在這些地區的人們已經知道該如何採取迴避危險的行動。

如果什麼都沒有計畫，只會讓自己慌亂。反觀若是有了計畫，就能夠有目的地行動。

躲進黃金三角

要降低物品傾倒時被壓傷的機率，就必須躲在床鋪、堅固家具等設備旁，即便物品倒塌，至少還能躲入安全無虞的三角空間內。

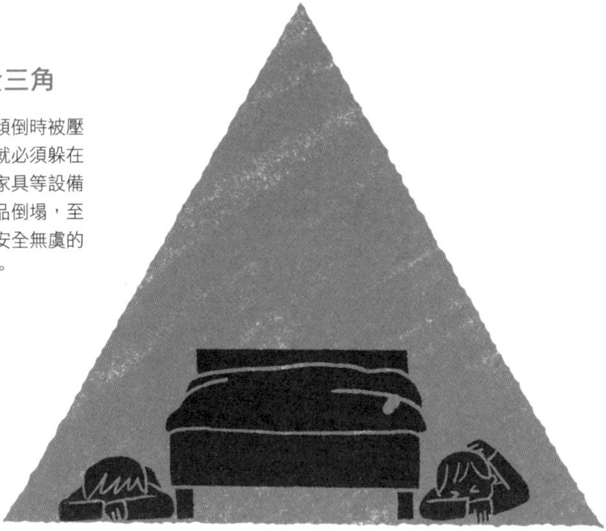

決定好哪些事情該以什麼樣的先後順序做什麼處理。假設上班時遇到類似情況該怎麼辦？換成是在每天通勤的電車上該怎麼辦？深夜於家中就寢時，又該怎麼辦？還要思考該怎麼保護去上學的孩子。面對任何有可能發生的情況，如果都能事先一一想好具體的行動內容，就能在出事的時候迅速行動，心情上也比較能夠沉著應對。此外，這些計畫當然不能只有自己熟悉，家人與同事也要參與其中。

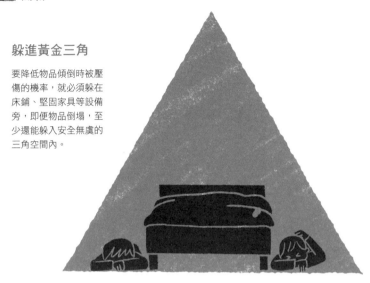

彈道飛彈落下時

可怕的爆炸衝擊波

飛彈的攻擊力，會根據搭載什麼樣的彈頭而不同。搭載的彈頭種類大致上可分為核彈頭，以及除此之外的一般彈頭。不過一般彈頭又可以再細分為使用炸藥的彈頭、爆炸後火焰會將周圍燒盡的油氣彈，或是會使電子產品無法正常使用的電磁脈衝炸彈等數種類型。現在的飛彈還可搭載數個彈頭，攻擊一個以上的目標。

如果彈頭搭載的是一般的炸藥，基本上會造成爆炸波與衝擊波所帶來的災害。爆炸波會將人吹飛，掃倒建築物。前述也有提到，最可怕的是四散的玻璃碎片，若爆炸時人就在窗邊，那麼身體就會被無數枚碎片劃傷，所以務必謹記一定要迅速遠離窗邊。此外，還要注意爆炸後伴隨的火災。

另外還有更強烈、更令人畏懼的衝擊波。不管有沒有牆壁等遮蔽物，衝擊波都會對人體造成傷害，這些傷害包含了耳膜破裂、眼球突出；最可怕的是就算沒有外傷，也極有可能傷及內臟。萬一外表看起來很正常，卻開始出現吐血等症狀時，就代表情況已然非常危險；若是吐出的血夾雜著氣泡，那麼很有可能已經對肺部造成損傷。

唯有遠離爆炸地點、尋找遮蔽物才能減輕這些傷害，不過要預測以拋物線超高速飛來的飛彈落點，實際上極為困難。

這裡就以二〇一七年八月，北韓朝日本海方向發射彈道飛彈為例，當時還發布了全國瞬時警報系統，蔚為話題。不過發布範圍遠從北海道延伸至長野縣，遍及一道十一縣，這也不難看出預測落點是有多麼困難。

人們可能受到的傷害

- 碎片造成的外傷
- 衝擊波或爆炸波造成的內臟損傷
- 耳膜破裂
- 眼球突出

混亂的飛彈落點現場

飛彈會很突然地落下。飛彈撞擊落地後，爆炸所產生的聲音與震動、建物倒塌、火災、煙霧等，都會讓前一秒還很正常的周邊環境瞬間改變全貌。

放眼望去，到處都是傾倒建物的瓦礫，還會不斷飄起塵土。身旁可見屍體或散亂的屍塊，流血的傷者不斷發出悲鳴，應該還會聽見遭活埋的人正在死命出聲求救。或許有人會說，這種畫面在真實情境的電影中也會出現，不過現實與電影畢竟還是完全不同。

當人體受到爆炸或是槍彈攻擊而四分五裂時，周圍會充斥著類似氨水的臭味。接著會飄出某種東西燒焦的味道，以及不曾聽過的臨終慘叫聲，很難有人在面對這種情況時還能冷靜以對。除了視覺上接收到的訊息，持續透過聽覺與嗅覺陸陸續續接收現場情報後，怎麼想都一定會陷入恐慌。另外，也有可能出現無法思考的恐慌症狀，以及確認周遭狀況後，變得更加混亂的二度恐慌。

要預防恐慌很難，不過只要能判斷自己是否處於恐慌狀態，就能有不同的表現，其中最重要的關鍵當然就是心理建設了。

現場陷入恐慌

剛開始幾乎所有人都不知道發生了什麼事吧。飛彈剛撞擊落地時還好，但在逐漸掌握情況後，有些人就會開始恐懼，接著陷入恐慌。

自身受傷情況確認

飛彈撞擊落地後，首先要做的，就是確認自己的身體有沒有什麼變化。人們可能會因為腎上腺素分泌，並未察覺自己嚴重受傷，飛濺的碎片也有可能插在動脈附近。這時若是急著動身體的話，反而會使損傷變得更嚴重，所以必須慢慢地逐一動作，謹慎確認。

若是倒地但仍有意識的話，首先要試著睜開眼睛。接著確認四肢有無損傷，試著慢慢活動末端指尖，接著循序漸進地活動手指、手肘、身體中心部，腿也是用相同方式確認。活動時就算有知覺，也可能早已經失去了手指或手腳，所以務必搭配目視確認。接下來，用眼與手確認身體軀幹有無出血、是否疼痛。若有吐血、流鼻血的情況，就表示內臟或頭部可能受到損傷。即便沒有任何異狀，急著站起身也可能會讓自己暈眩搖晃，所以建議暫時維持橫躺姿勢。

回復知覺後，再慢慢起身，就算感到暈眩也不可以甩晃頭部。先做出四肢著地的趴姿，接著是跪姿，最後再以雙腳站立。內臟損傷可能會在事後才慢慢出現症狀，所以絕對不可大意。

飛彈落地後確認損傷的順序

1. 有無意識

若有意識，要先張開眼，確認看不看得見。
不只單眼，兩眼都要確認。

2. 確認四肢有無損傷

先從指尖開始慢慢活動，接著是手腕、手肘，循序漸進地由末端朝中心部活動確認。也要用目視確認，因為有些時候明明已經失去某個部位，卻仍殘留知覺。

3. 確認身體軀幹有無損傷

確認身體中心部有無損傷，目視、觸摸確認有無出血。

4. 確認頭部有無損傷

會搖晃是很正常的。這時要確認有無出血或流鼻血，不可急著甩晃頭部。

5. 慢慢站起

先做出四肢著地的趴姿，接著是跪姿，最後再以雙腳慢慢站立。也可以扶著牆壁加以支撐。

身體損傷確認法

頭部

目視確認有無外傷和出血。即便覺得頭痛，或是視力無法聚焦，都不可以甩晃頭部，這樣只會讓損傷變得更嚴重。

是否看得見、聽得見？

慢慢張開眼睛，確認自己是否看得見，兩眼都要逐一確認狀況。耳膜也很有可能破裂，所以一樣要確認能否聽得見四周的聲音。

若有吐血，代表內臟極可能受損

即便沒有外傷，內臟仍有可能破裂。若有吐血，就代表內臟或許已經受損。有時也可能會在經過一段時間後，才察覺內臟受損。

先從手腳末端開始慢慢活動

如果急著活動受傷的手腳，可能會使傷害更加惡化，所以要特別留意。先從手腳末端，逐一地慢慢活動做確認。

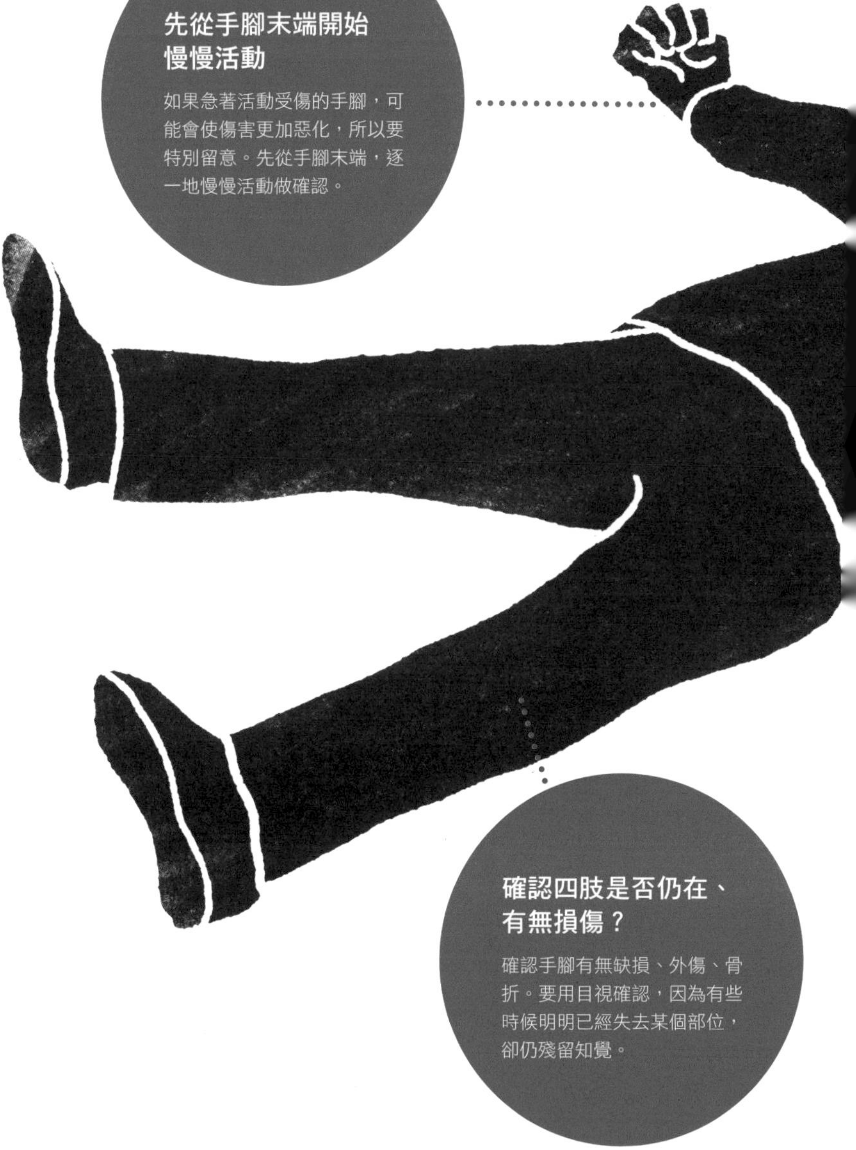

確認四肢是否仍在、有無損傷？

確認手腳有無缺損、外傷、骨折。要用目視確認，因為有些時候明明已經失去某個部位，卻仍殘留知覺。

認識急救處理包

戰爭時，無法保證救護車能夠立刻趕來救援，所以我們必須靠自己救活自身或身旁的人。在戰場上受傷時，首先該做的第一件事是止血。人體如果失去三分之一的血液將導致生命危險，失血超過一半時，心肺便會停止。如果血液顏色鮮豔，而且還會伴隨著心跳節奏不斷噴出，就表示動脈已經破裂，這時一定要立刻止住出血。止血有幾種方法，各位務必記住「直接加壓法」與「使用止血帶」兩種方法。

首先，直接加壓法是以紗布直接用力壓住出血處做止血，同時患部位置必須高於心臟。市面上也有販售專用的止血貼布，如果手邊缺乏止血貼布，毛巾或衣服都能加以利用。如果傷口太大，就必須塞入紗布或毛巾填埋傷口，抑制出血情況。

大量出血時，不僅難以看見傷口，手也會因血液浸潤而變滑，光是拆開止血貼布的包裝都變得很困難。電影雖然常見用嘴巴撕開包裝的畫面，不過實際上也有士兵會事先在貼布包裝上剪出切縫，以便緊急情況立即拆開。

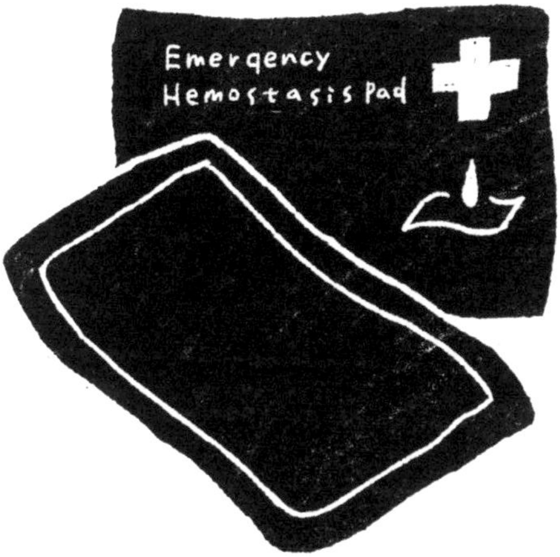

止血貼布與止血繃帶

軍隊會備有可用在直接加壓法的止血貼布。坊間也有多家業者推出了各種尺寸的止血貼布與止血繃帶。各位平常不妨就隨身攜帶這個醫療用品。

強壓患部止血

直接加壓法是簡單卻相當有效的止血法，只需要將止血貼布、紗布或是毛巾用力按壓著傷口即可。若要避免碰觸血液造成疾病感染，可使用塑膠袋，阻絕皮膚接觸到血液。

止血帶與替代品

直接加壓患部卻依舊無法順利止血時，還可以使用止血帶。止血帶用於四肢受傷時，以勒緊帶子的方式止住血流，預防傷口出血。每位美軍士兵身上都一定會備有止血帶，軍中也規定必須使用被救助士兵的止血帶，因為如果將身上的止血帶給他人使用，那麼當自己需要時就會無止血帶可用了。

實施時，會以轉動止血棒的方式將止血帶扭緊，這時也可以讓傷者自己持棒，賦予傷者任務，避免他因失血而失去意識。

止血專用的「止血帶」

在傷口靠近心臟的地方捆上帶子，轉動止血棒，將帶子扭緊。若依舊無法止住出血時，則可使用2條止血帶。但血流停止時間太長，之後可能導致患部需要截肢，所以每半小時就要鬆開止血帶，讓血液流動。

止血帶替代法

使用繩子與棒子的止血法

可以用布料、繩子與硬棒替代止血帶。不過扭轉力道必須夠大才有辦法止血，使用鉛筆或是一般的原子筆可能會斷掉。再加上這種方法會伴隨著強烈疼痛，如果是用細繩，疼痛感會更加劇烈，相對也容易造成皮膚組織的損傷。

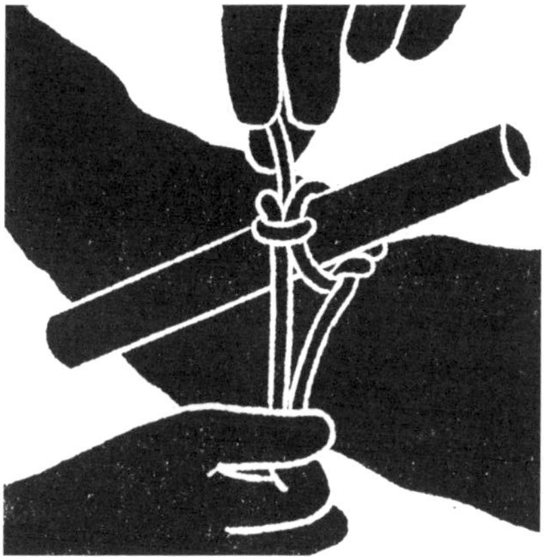

使用降落傘繩與棒子的止血法

使用降落傘繩以及棒子止血時，必須先用降落傘繩在傷口靠近心臟處打結，接著再捆綁上棒子（兩者都是打平結）。轉動棒子，直到出血停止。不過這種方法可能會傷及肌肉或神經，因此僅限緊急情況使用。

ＳＴＯＰ危機管理的原則

這裡要向各位介紹美國戶外活動領域常使用的「ＳＴＯＰ」原則。ＳＴＯＰ這個字看起來或許只是取首字母而構成的諧音字，不過當我們處在不知如何是好、該怎麼做才對的失措情況下，便很難凝聚思緒，以堅毅果敢的態度應對當前的狀況。因此能夠使自己在行動時毫不猶豫的行動原則，不僅會是心中的重要依據，還能在遭遇氣候災害等各種攸關生死之際帶來幫助，請各位務必牢記。

首先，必須要停止行動（ＳＴＯＰ），胡亂行動只會令問題更嚴重。當自己感到情況不太對勁時，就該停止行動。停止行動後，接著要思考（ＴＨＩＮＫ）怎麼做才能讓自己與家人活下來。思考的同時，當然還要懂得觀察（ＯＢＳＥＲＶＥ），掌握自己處於怎樣的狀態，哪些事物能夠加以利用，哪些沒有幫助，藉由資訊的蒐集，增加思考判斷時的正確性。整理好思緒後，就要計劃（ＰＬＡＮ）如何具體行動。各位必須盡量避免沒有計畫的行動，不想在戰場上盲目行動、失去自制力的話，就必須回想起ＳＴＯＰ原則，讓自己的心思沉穩下來。

STOP

S

停止行動

當人們愈不知道該如何是好，做出的行為就愈無助於當前狀況。所以必須先停止行動，同時正視自己遭遇的問題，如此才能知道接下來該怎麼做。

THINK

T

思考

整理現況，保持心情穩定，才能試著控制混亂的思緒。資訊在短時間內大量湧入腦中會讓人變得恐慌，思考就是為了重新釐清這些資訊。

OBSERVE

O

觀察

觀察自己所處的環境與情況。掌握自己握有什麼資源、缺乏哪些事物、肉體與精神狀態、哪些條件有助於讓自己存活下來。掌握情況後，才有助下一步計畫的訂立。

PLAN

P

計劃

充分了解自己所處的情況，朝著應有的目標訂立計畫。思考怎麼行動才能使風險降到最低，以不花費力氣的方式產出結果。因此制定計畫將是能否存活的關鍵。

確認家人是否安好

如果是在敵國有明確預告的情況下開戰，或許該另當別論，不過戰爭也有可能來得非常突然。戰爭爆發時，你有可能在公司上班，或是去外地出差，孩子們也有可能都在學校。萬一真的突然開戰，家人成員其實不太可能剛好都在一起。

遇到這種情況時，有幾種方法能夠確認家人是否平安。只要事先討論，決定該用什麼方法確認彼此的安危，遇到緊急情況時基本上就能順利掌握對方的情況。各位不妨利用左頁列出的方法，做好事前演練。

不過，戰爭發生當下還是很有可能無法順利運用這些方法。敵國或許會破壞掉網路與電話線路等通訊網，本國政府或軍隊也有可能限制通訊。明明就是技術先進，每天使用網路已成理所當然的時代，突然間連電話也無法使用，這就是戰爭的真實面貌。當我們遇到上述情況時，便很難立刻掌握家人當前的狀況。所以最妥當的方式是訂出會合地點，也就是緊急集合點，並在決定好的時間前往集合。

日本國內的確認方法

通訊業者提供的確認平安服務

日本電信電話（NTT）等通訊業者所提供的留言板服務。當通訊流量集中，電話難以撥通時，可向家人或親友發出簡訊。這項服務雖然是供天然災害時使用，但戰爭時或許也能派上用場。

社群網路媒體

臉書（Facebook）、推特（Twitter）等能夠與多人交流的社群網路服務系統也非常方便，不過這類軟體也很容易出現大量未經確認的資訊或是散播假消息，記住不可輕易受騙上當。

網路服務

目前許多業者都推出了能夠確認平安與否的系統，也有彙整多個災害用留言板資訊的搜尋網站。此外，谷歌（Google）亦開發了一套名為Person Finder的線上尋人應用程式。

智慧型手機APP

各位也可以事先在手機下載APP，作為確認是否安好的方法。以東京都官方推出的防災APP為例，該系統不僅能用來確認是否安好，更搭載了許多災害時有所幫助的服務內容。

保全公司提供的服務

基本上是提供法人單位的付費服務，只要事先登錄選項，就能在突發情況時確認家人是否安好。

前往緊急集合點，與家人會合

確保自己的人身安全無虞後，就必須儘快與家人會合。如果家中沒有受損，基本上也會有裝備及食物，就可以先考慮返家。

電車或公車還有運行當然最好，但如果是遭受多枚飛彈攻擊的話，交通網絡非常有可能早已被癱瘓。屆時將出現塞車嚴重、交通管制無法通行的情況，只能步行移動。不過，這又與錯過末班車，必須走路回家的感覺完全不同。可以想見整個城市會變得非常混亂，行動時還要擔心會不會又有飛彈攻擊或敵軍來襲。如果能聯繫上家人，同時也知道家中沒有損傷當然是最好，但實際情況不見得能夠如此。被龐大的不安與恐懼包圍的同時，大家一定更急著想要回家吧。

回家後若能與家人會合，就會稍感放心。但如果自宅因火災燒毀，各位也沒有意志消沉的時間，因為接下來必須前往事先決定好的集合地點。若不儘快與家人會合，屆時可能將面臨下一波攻擊，若是無法確保周遭安全，勢必要前往更遠的場所避難，所以一定要避免與家人分散。

一定要事先決定集合地點，所有成員才會知道緊急時該前往哪裡會合。地點要選定多個，不能只有一個，且家人們一定都要知道這些地點。

飛機轟炸

現代空襲的含意

萬一敵人從遠距離發射彈道飛彈攻擊，接下來就可能出現轟炸機的空襲攻擊。如果國家在地理位置上與敵國距離相近，對方也有可能直接派出轟炸機襲擊，省略飛彈攻擊這個步驟。不過就算飛來了轟炸機，也不代表敵人會飛低至地面可見的高度，並且大量地投擲炸彈。以美軍在越戰時投擲炸彈，無差別且大範圍破壞殆盡的地毯式轟炸模式，以及二次世界大戰期間，東京遭大量炸彈爆破攻擊的大轟炸為例，兩者就效率面而言，都不是理想的攻擊方式。再者，無差別式的屠殺行為也會遭到國際社會所譴責，所以從道德倫理的角度來看，現代國家都會迴避這類攻擊手段。

除此之外，現代的空襲高度更是較以往高出許多。敵軍會在距離地表大約一萬公尺的高空處投擲炸彈，這樣的高度其實很難讓底下的人們察覺有飛機飛過。如果對方派出的是隱形轟炸機，那麼就算自家軍隊雷達正常運作，也有可能無法掌握敵軍行蹤。

隨著引導系統經年累月的進步，現代飛彈的命中率變得非常高，甚至精準到能決定要投擲到

瞄準目標明確的現代空襲

現代科技能夠使炸彈落地誤差縮小至數公尺之內，這使得地毯式攻擊看起來變得非常缺乏效率。但如果目的是將該區域破壞殆盡，那麼敵軍還是有可能採取這樣的攻擊方式。

哪戶人家，更有威力驚人到光是一發就能炸出直徑一公里大洞的炸彈。如果炸彈轟炸時精準度不僅夠高，甚至具備了相當的破壞威力，那麼只要目標明確，根本就不需要投擲數百、數千枚炸彈去做地毯式攻擊。

話雖如此，就在不久前的二〇〇一年以美軍為首的聯軍進攻阿富汗，與俄羅斯自二〇一五年起對敘利亞的軍事介入，美俄兩國在戰爭中仍然都發動了地毯式攻擊。

這兩國明明擁有高度精準的轟炸技術，為什麼還要採取地毯式攻擊？其實都是為了破壞周邊區域，並殲滅掉該範圍內的所有人。所以如果敵軍採取無差別的地毯式攻擊，就表示對方打算將你我趕盡殺絕。

遠離可能的遇襲地點

空襲的威力十分驚人——敵軍可能在短時間內連續投擲數枚或數十枚的炸彈，將鎖定區域破壞殆盡。一枚炸彈當中更搭載了近百枚的小型炸彈，除了有能夠無差別且大規模破壞的集束炸彈，若投擲目標是都會區，那麼敵軍也有可能使用出現在二次世界大戰東京大轟炸中，會引發火災而非造成爆炸的凝固汽油彈。

唯一能夠逃離空襲波及最好的方法，就是遠離會遭遇空襲的場所。如果身處炸彈落點，也就是會被炸彈直擊的區域，即便找地方躲藏，或是採取保命姿勢，終究還是必死無疑。說真的，就算沒被直接擊中，位處炸彈落點附近的存活率也只能看自己的運氣。若想好好存活下來，就應該盡量遠離有危險的地點。

不過，究竟哪些地點會遭遇空襲？我想敵國的攻擊策略基本上與飛彈一樣，主要瞄準人潮聚集的都會區或是軍事重地。但是如果要進一步預測敵人會攻擊哪一個都市，或是哪一處的軍事設施就非常困難了。若是飛彈攻擊，我軍反而還有機會即時發出警報疏散人群，可如果是轟炸攻擊，就很難預測從什麼時候開始、瞄準地點又在哪裡。一旦我軍完全失去制空權，那麼就更

預測空襲地點非常困難

我們無法事先得知何時何處會遭到空襲，若是這樣，就只能逃往較不會遭受空襲的地點。

無法得知何時何處會遭到轟炸。

那麼我們究竟該如何是好呢？其實唯一能做的行動，就是盡可能遠離極高機率遭遇空襲的地點。這時我們的行動方針，就必須效仿二戰期間的「疏散學童」策略，將都市的孩子送往鄉下一樣，前往較不會遭到轟炸的地點。簡而言之，就是要移居他處。

移居地點建議選擇人口較少的山中村落等鄉下區域，這類地點不僅遭到轟炸的機率較低，就算陸軍登陸攻來，至少還能躲入山裡。雖然山中較難取得電器等現代生活用品，不容易獲取外界資訊，但只要有豐富的自然資源再加上一些野外求生技巧，就能夠確保取得足夠的水與食物來源。

被埋在瓦礫堆時

吹哨呼救

如果平常身上就有攜帶哨子，不只是活埋在瓦礫堆的時候，還能運用在其他各種情況下呼喊求救，非常有幫助。

不斷朝地面襲來，如下雨般墜落的炸彈會破壞街道，使街景變成瓦礫山。即便你幸運躲過炸彈的直接攻擊，卻還是有可能被埋在瓦礫堆當中。

萬一被埋在瓦礫堆時，此時只能乞求他人的救助。聲響與震動能夠讓外界察覺自己的存在，如果平常身上就有攜帶哨子更是完美。不斷大聲呼喊，不僅消耗體力，也可能吸入粉塵，只能作為最終不得已的手段。另外，因為有瓦斯外洩的風險，所以就算四周昏暗，也絕對不能使用打火機。

如果身旁有掉落的鐵管、木材等硬物，那麼

以手邊物品敲打出聲

就算被埋在瓦礫堆中，只要身體還能自由活動，就可以用石頭、鐵材、木材等硬物敲打出聲，讓外界知道自己的存在。

也可以用這些物品相互敲擊出聲，或是用硬物敲打牆壁，發出聲響，如此一來就能減少體力的消耗。

即便是在未受傷的情況下遭到活埋，但脫水和失溫還是有可能導致喪命。一般來說，人在沒有喝水的情況下能夠存活七十二小時，萬一身體動彈不得，再加上脫水症狀持續的話，就會出現意識障礙，最終邁向死亡。如果氣溫極低，無法維持體溫時，只要幾個小時就有可能喪命，所以務必儘早尋求救助。

話雖如此，偶爾還是能聽聞有人在地震後遭活埋超過一百個小時仍然幸運獲救的案例，因此務必等待救援，不要輕言放棄。

身陷火災現場時

火災的火焰當然危險，但物品燃燒後，室內氧氣消耗殆盡的缺氧狀態，以及木材或塑膠燃燒後產生的有毒氣體卻是更加致命。吸入有毒氣體後，可能在數秒鐘內就失去意識，所以務必儘早從室內逃脫。

首先要決定避難路線。如果是自宅或是公司等熟悉的場所，便可以利用事前已規劃好的逃生路線，第一時間離開現場。空襲造成的火災與一般火災不同，可能會有多個地方同時起火，所以要備妥數條逃生路線。

決定好逃生路線後，用手帕、毛巾或衣服遮住口鼻，避免吸入濃煙，並壓低身體逃生。濃煙會從天花板往下擴散，壓低身體較不會吸入濃煙，也能夠確保視線清晰。另外，在煙霧中移動時，不要憋氣。因為憋不住氣時，反而會大口呼吸，導致吸入大量濃煙，所以要維持最小限度的呼吸。當煙霧已經瀰漫到完全無法知道房門的位置，就要改成四肢趴地的爬行姿勢，把身體壓得更低，移動時要用腳貼著牆壁，最終就能找到房門了。

視線不佳，
改以腳觸壁前進

當室內充滿煙霧，已經不知道房門在哪裡時，就要以腳碰壁，沿著牆壁移動。這樣的路線或許不是最短距離，卻是一定能找到房門的方法。

確保自身安全，展開救援行動

救援的首要原則就是先自救，也就是將自身安全視為最優先考量。唯有先做到救助自己的「自助」後，才能與周圍的人展開互相救助的「互助」行動。

如果眼前有位孩童溺水，你是否有辦法拋開自己性命安全比較重要的求生本能呢？我相信還是有許多人會立刻跳入水中。不過，這樣的行為真的正確嗎？進行水難救助時，其實有一定的救援順序，在直接跳入水裡之前，要先評估呼叫、以棒子或繩子拉人上岸、使用船筏等風險較低的救援方法。當救助者不知道如何救援、直接跳下水的話，只是讓犧牲者從一人增加為兩人罷了。

這裡我想要傳達的觀念是，擁有愈多技術、準備愈充足的人，存活下來的機率才會提高，甚至能夠救助他人。重點在於各位掌握了多少自救與救人的「技術」，以及做了多少能在面臨突發狀況時自救與救人的「準備」。這些都是各位從現在就能開始做的事。

遮住口鼻，避免吸入粉塵

在真正的爆炸現場，火焰會形成濃煙、建物傾倒會產生粉塵，導致視線不佳，呼吸也會變得困難。用毛巾或手巾遮住口鼻的動作雖然簡單，卻非常有幫助。

注意斷裂的電線與瓦斯外洩

遇轟炸後，如果看見斷裂的電線千萬不要靠近，因為會有觸電的風險。另外也有可能發生瓦斯外洩，同樣要非常注意。

令人畏懼的大規模殺傷武器

什麼是NBC武器？

世界上有很多種類的武器，其中最不人道、最令人恐懼的就屬NBC武器。各位或許認為，武器是用來殺人的道具，本來就與人道一點也沾不上關係。不過，無差別式屠殺大量人類的武器應該還是要與其他武器加以區隔。

NBC武器，也就是指大規模殺傷性武器。其中的N是指「NUCLEAR WEAPON」，也就是核武。對於世界唯一一個曾被投擲原子彈的國家日本來說，一定知道核武是多麼可怕的武器。一九四五年，美軍在廣島與長崎分別投下原子彈後，時至今日依舊無法得知正確的死亡人數，不過，無論是士兵或平民、大人或小孩，都因為這兩枚原子彈而造成大量的死傷。

B是指「BIOLOGICAL WEAPON」，也就是生物武器，透過散播細菌或病毒對人體造成危害。另外，C是指「CHEMICAL WEAPON」，也就是化學武器。日本就曾於一九九五年發生沙林毒氣事件，奧姆真理教當時在地鐵內釋放的武器便是毒性劇烈的沙林。

NUCLEAR WEAPON

N

核子武器

藉由核分裂與核融合反應產生能量達破壞效果的兵器，可透過衝擊波、熱風、輻射造成嚴重破壞。從歷史上的爆炸物來看，核武的破壞力可說最為強大，能量驚人到只要一枚就能將整座都市摧毀。

BIOLOGICAL WEAPON

B

生物武器

使用細菌或病毒的武器。與需要鈾或鈽等稀有元素的核武相比，生物武器的開發相對容易，因此也有可能被恐怖分子拿來使用。炭疽病毒與天花病毒都是較常見的生物武器，但目前日內瓦公約已禁止使用這類武器。

CHEMICAL WEAPON

C

化學武器

使用芥子氣、沙林毒氣、維埃克斯（VX）神經毒劑等人工有毒氣體的武器。只要少量就能造成致命傷害，也很容易留下後遺症。這類武器破壞力驚人，同樣只要一枚就能造成大量死傷，所以也被日內瓦公約規定禁用。

如何應對核武攻擊？

受害程度劇烈的核彈攻擊

核武是現代威力最強的武器。使用的機率雖然不高，但目前世界上仍存在約10,000枚的核彈。

核子武器會連帶伴隨強光、熱浪、輻射、爆炸氣浪、電磁脈衝，對方圓數十公里範圍內的生命帶來致命性的傷害。即便是身處在不會受爆炸直接影響的距離，也會因放射性落塵的擴散而受害。

面對爆炸當下的輻射，以及之後產生的放射性落塵，距離、遮蔽物、時間這三點是保護自己的必要要素。

爆炸時當然要躲遠一點，但放射性落塵會隨著大氣流動飄至遠處，所以就算是爆炸後，也要盡可能地拉開距離。避難時則要選擇逃入有厚重混凝土牆的建物內，在屋內要緊閉窗戶，

核武所帶來的傷害

飛彈落地時的熱射線與衝擊波

核反應所產生的爆炸會產生數百萬度的高溫，強光、熱輻射與爆炸氣浪則會從爆炸中心急速擴散開來。這些輻射、熱射線、爆炸氣浪對於人造物與人類都會帶來致命性損害。

放射性物質傷害

爆炸後熱度會降低，氣化的放射性物質則會轉為粒子，變成放射性落塵降至地面，造成大範圍的災害。放射性落塵的輻射量會在最初的24小時內明顯減少。

可以的話還要黏上強力膠布封住。最好是能夠逃入建物中央沒有窗戶的房內，如果有地下室會更理想。

強烈的閃光可能會導致失明，因此不可直視爆炸的瞬間。如果無法進入建物內，就要找遮蔽物躲藏，或是披著上衣、用手帕遮住口鼻，盡量減少皮膚外露，為爆炸做準備。如果距離核武落點較遠，那麼衝擊波抵達的時間可能會超過半分鐘。爆炸後，雖然要儘快逃離爆炸落點，但避難時也要注意別逃往放射性落塵會飛去的下風處。

躲到安全處後，就要等待輻射量降低，至少須待在室內二十四小時不得外出。

核彈落下時

不可直視爆炸時的閃光

核子彈爆炸之後，產生的閃光與火球可能會導致失明，千萬不可直視。

尋找遮蔽物躲藏

混凝土等材質當然厚度愈厚，遮蔽的效果愈好，但就算只有一塊布，也總比什麼都沒有好。

核彈落下後

遠離核彈落點，屋內避難

爆炸後，要迅速並盡量遠離爆炸地點，前往屋內避難。注意不可往下風處逃跑。

以口罩遮住口鼻

避難時，要以手帕、毛巾遮住口鼻，避免吸入放射性物質。

利用地底避難

避難時，如果有地下街，就該利用這類地下設施避難，才能避免身體接觸到放射性物質。

避難後

脫掉衣物，放入塑膠袋

脫掉衣物時，要注意不可吸入放射性粉塵，放入塑膠袋後綁緊。如果實際情況無法脫掉衣物，那麼就要在外面把衣服甩乾淨。

淋浴，用肥皂徹底洗淨身體

使用肥皂清洗頭髮與身體。潤髮乳會讓放射性物質附著於頭髮上，所以不可使用。若無法淋浴，則改以溼布擦拭皮膚。

可能遭汙染的水或食物不可入口

即便有水與食物，只要可能遭到汙染，就千萬不要入口。一旦水或食物受到汙染，身體內部同樣也會受輻射汙染。

塞住抽風機，關上窗戶，封住縫隙

要關掉抽風機，避免遭汙染的粉塵進入室內。還要關上窗戶，用強力膠布或包裝用膠帶黏住縫隙。

留滯屋內，蒐集情報

避難後，就不要外出。待2週後放射性物質的威脅會明顯減少，這段期間就先透過收音機蒐集情報。

遭遇生物武器攻擊時

以細菌或病毒攻擊人體的生物武器，不僅能搭載於飛彈或炸彈，還能混入飲水食物，或是以噴霧的形式散布，攻擊方法多樣，預防更是難上加難。如果是使用以人體為媒介的天花病毒，那麼感染者還會出現二次感染，使感染人數更加擴大。因為肉眼無法看見細菌與病毒，就算遭到攻擊可能也不會察覺。

萬一遭遇類似攻擊時，這段期間應避免外出，直到公家機關公布調查結果，同時還要避免吃入或是喝入有汙染風險的水與食物。如果覺得自己身體情況出現變化，就要立刻前往醫療機關接受診察。

萬一所在位置的附近有遭受生物武器攻擊，就必須迅速遠離遭攻擊的地點。以手帕遮住口鼻，進入與外面空氣不流通的密閉室內，或是感染風險較低的遠距離區域避難。避難後，脫掉衣物，放入塑膠袋封緊隔離。用水與肥皂徹底洗淨全身。若身邊出現感染者，注意不可觸摸該對象使用過的物品，同時要多加洗手，預防二次感染。另外，也必須思考是否該將感染者予以隔離。

如何應付生物武器

以手帕遮住口鼻，遠離現場

與威脅保持距離。以手帕遮住口鼻，避免吸入細菌或病毒，迅速並盡可能地往遠處移動。

身處室內，關上窗戶、封住縫隙

如果位於室內，則要緊閉窗戶，避免外部空氣入侵，並關上抽風機。窗戶有縫隙時，則要以強力膠布封住縫隙。

脫掉衣物，放入塑膠袋綁緊

發現自己可能遭到汙染時，避難後就必須冷靜地脫掉衣物，放入塑膠袋並綁緊，接著換上未遭汙染的衣服。

勿碰觸感染者曾觸摸過的物品

身旁若出現遭感染者時，千萬不可觸摸該對象使用過的物品，還要記得多加洗手。

這類攻擊的受害程度會在不知情的狀況下持續擴大，因此務必將可能附著病毒或細菌的物品放入塑膠袋或容器中封緊，避免不慎觸碰或吸入。

遭遇化學武器攻擊時

使用毒性強烈的化學物質，其攻擊方式其實和生物武器一樣，不僅可搭載於飛彈或炸彈，還能混入飲水食物，或是以噴霧形式散布，攻擊方法多樣。化學武器不見得會透過爆炸物散布，因此發現時可能為時已晚，須特別留意。

與核武相比，製作化學武器所需要的設備規模小、成本低，然而損害威力卻十分強大，作為武器使用可以說非常有效率，而且對於對方軍隊或平民所造成的心理傷害更是嚴重。雖然國際條約禁止持有或使用化學武器，但有報告指出，目前許多紛爭區域有使用或可能使用化學武器的報告。一旦處於戰爭狀態，使用化學武器的可能性絕對不低。

化學武器可分為會對血液產生作用，破壞細胞呼吸功能的血液性毒劑、引起皮膚或呼吸道潰爛的糜爛性毒劑、引發神經傳導障礙的神經性毒劑，以及對呼吸系統產生作用，引起呼吸障礙的窒息性毒劑等數種，而鎮壓示威遊行所使用的催淚劑也可歸類為一種化學武器。不同種類的化學武器具備不同的作用，持續時間長短也不一，舉例來說，美軍在越戰所使用的枯葉劑，便在戰後相當長的時間內於越南各地帶來生產異常等問題。

常見的化學武器

芥子氣

又名為Yperite的糜爛性毒氣。帶有如芥末般的氣味，大量使用於第一次世界大戰期間。屬於緩效性毒氣，就算被芥子氣包圍，也要經過數小時才會出現症狀。

維埃克斯（VX）神經毒劑

無味的神經性毒氣，是殺傷力極強的武器。除了呼吸道，也能夠透過皮膚接觸，只要些微的劑量就足以致死。揮發性低，毒效可以從散播後持續1星期左右。

沙林毒氣

因奧姆真理教用來進行恐攻後開始為人所知的一種神經劑。無色無味，毒性極強，可透過呼吸道或皮膚吸收，會出現頭痛、嘔吐、暈眩、精神錯亂、呼吸困難等症狀。

氰化氫

一種血液性毒劑，據說帶點淡淡的氨水味。初期會有頭痛、暈眩等症狀，接著出現呼吸困難，最終致死。毒效最長可持續1天，時間並不會非常久。

光氣

在窒息性毒劑當中，最具代表性的有毒氣體，許多國家皆曾於一次大戰時使用。人體吸收後，數小時的潛伏期間便會開始出現喘不過氣、呼吸困難的症狀，接著引發肺水腫並致死。

化學武器的應對措施

化學毒劑會往下風處飄散，所以要朝往可能是被攻擊地點的上風處避難。避難原則與生物武器相同，都是用手帕遮住口鼻，並迅速移動至密閉的室內或距離遙遠的高處。進入建築物內部時，盡量往較高樓層移動。在室內也要緊閉窗戶，封住縫隙，避免外部空氣流入。

此外，身上的衣服、手錶、隱形眼鏡等物品也都要全數丟棄。脫衣時，附著於衣物上的化學物質可能會沾黏到皮膚，所以要以剪刀小心剪開衣物。

接著再以水和肥皂徹底洗淨全身。只要感到異常，就要立刻前往醫療機關求助。

剪刀剪開身著衣物並丟棄

不只是呼吸道，化學毒劑也會透過皮膚吸收。用平常方式脫衣的話，附著於衣物表面的化學毒劑就有可能接觸到肌膚，所以要用剪刀剪開衣服後放入塑膠袋裡。另外也別靠近遭汙染的區域。

占領

STAGE 4

敵軍登陸

登陸的可能情境

敵人終將到來

對自己國家抱持敵意的他國，會派遣軍隊帶著武器逐一登陸。雖然這件事光想來就很恐怖，但是一定要做好局勢演變至此的最壞打算。

遭到飛彈或空襲攻擊後，敵軍陣營就會準備登陸。飛彈或空襲當然可怕，但是如果來了許多手持武器的士兵，那麼與敵人的距離便會瞬間變短，實際看到敵人的臉時，一定會感到更加恐懼吧。

說到登陸作戰，就要談談知名的諾曼第登陸。這是盟軍在二次世界大戰時為了進攻德國占領下的歐洲，於一九四四年在法國西北部的諾曼第嘗試登陸行動。由英國、美國、法國組成的盟軍在代號D-Day的六月六日，分別採取艦艇砲擊、轟炸機與戰鬥機轟炸，以及降落傘、滑翔機與登陸艇的士兵登陸，對納粹德國發動攻勢。盟軍兵力規模龐大，包含超過十七萬名的士兵、四千艘左右的艦艇以及約一萬架的飛機，光是登陸首日的士兵死傷人數就多達一萬，戰況可說相當激烈。另外，美軍在二次世界大戰末期同樣於硫磺島展開登陸作戰，日本軍在此役當中全數覆沒，美軍的傷亡人數亦接近三萬人，雙方同樣展開了極為激烈的戰鬥。既然是做好心理準備，進攻防備萬全的陣地，可想而知，這樣的登陸作戰自然是戰況激烈。

話說回來，現在的國家其實不太可能採取這類會產生大規模犧牲的登陸作戰。而且在這之前應該會先投下如雨般的飛彈與炸彈，攻擊目標據點。比起犧牲數萬名士兵，空襲進攻反而有效率多了。

透過遠距攻擊，削減對方的攻擊能力後，大量的登陸部隊隨即便將到來，屆時敵軍的艦艇說不定會停滿整個海岸。雖然很不想這麼說，但如果我方沒有反擊能力，那麼對方肯定會強勢登陸。

遇到這樣的情況時，我們這些平民百姓其實能做的事不多。頂多就是備妥水與食物庫存、確認戰時用地圖與緊急集合點並與家人共享資訊，另外也要想好逃離敵軍時的疏散點。最後則是對接下來會發生的所有情況做好心理準備。

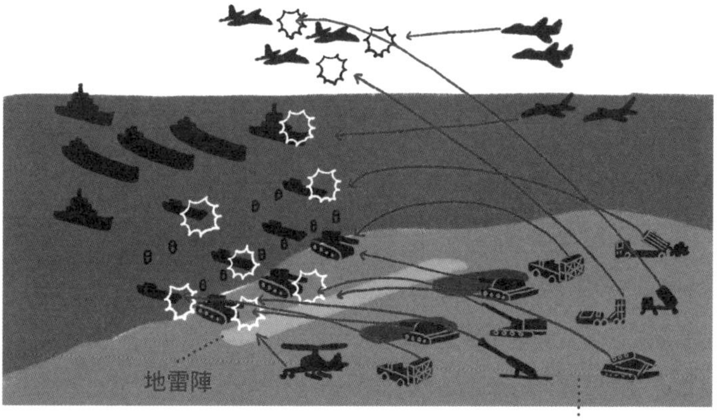

阻止登陸的作戰範例

可於海岸沿線設置地雷陣，對付戰車、登陸艇等登陸部隊。同時搭配反坦克導彈、戰鬥直升機、戰車等，阻止登陸部隊的攻擊。

首先，精銳部隊祕密登陸

敵軍的龐大兵力會從海上強勢登陸，但在這之前，可能也會派出極少人數的部隊祕密登陸，執行特殊作戰。

基本上，這類作戰的目的是便於在軍隊正式登陸之前，先行掌握對方兵力與防禦體制的偵查行動。對敵國而言，了解我軍的配備與兵力，就能更清楚掌握攻擊對象，在作戰過程中便能立足於相對優勢的立場。另外，出動精銳部隊也有可能是為了占領或破壞電視台、通訊設備、發電等設施。部隊祕密躲藏在本國內活動，破壞重要設施後，就會導致國內的通訊網絡及公共建設無法使用，進而引發混亂。

接著，就會出現令人恐懼的游擊式破壞行動。只要敵軍破壞核電廠，使用生化武器或炸彈發動無差別式攻擊，就有可能出現大量的受害者。

負責這類作戰的部隊雖然規模不大，戰鬥能力及攻擊力卻不容小覷，實力反而更加強大。祕密潛入敵國執行各種作戰任務，這樣的部隊需要優越的技術與毅力，因此成員都是從曾接受隱密訓練的頂尖士兵群中遴選組成，像是美國就有一支名為Force Recon的海軍陸戰隊武裝

趁著黑夜登陸的少人數精銳部隊

擅長隱密行動的精銳部隊，會身著降落傘或搭乘橡膠船祕密登陸，負責提供後續部隊登陸時的協助，或執行破壞任務與偵查行動。

偵察部隊。這支部隊的成員皆是海軍陸戰隊菁英中的菁英，能夠先行潛入敵營，執行時而隱密、時而威嚇的偵查或攻擊行動。無論是跳傘技術、偵查技術、射擊技術，還是潛水、荒野求生、攀爬能力等等，這群隊員在包含陸海空的作戰行動中皆擁有極高的技術水準。

我們其實不太有機會遇到趁著黑夜從海路或空路潛入國內的特殊部隊。如果有機會看到特殊部隊，就代表他們發生失誤，或者覺得被你看見也無所謂的時候。那麼很不幸地，你將難逃一死。

一般士兵的裝備

士兵可分成很多種類型，無論是不同國家，甚至是同一國家的不同兵種，裝備都有所差異，當然被賦予的任務也不盡相同。

其中，歷史發展最久，人數最多的就屬步兵。如同字面所述，步兵就是以徒步方式移動的士兵，但時至今日，步兵也會搭配飛機、直升機、汽車等移動手段。在歷史上某些時代或戰役裡，甚至有部隊是以馬匹或自行車移動。

步兵是自有戰爭以來便登場的正統士兵，即便邁入現代，步兵依然是占領土地時不可或缺的存在。敵軍登陸後，你我最常見的士兵應該會是步兵。然而，步兵的裝備當然也會隨著時代演變而有所進化。古希臘步兵的武器有斧頭、矛、刀劍、弓、盾，而現代步兵的武器多半以槍枝為主。

步兵持有的槍械中，目前最常見的是突擊步槍，也可稱為自動步槍或突擊槍。突擊步槍是能夠全自動射擊（連發）的步槍，射程距離長短適中，也因此成了步兵能夠輕鬆裝配的武器。突擊步槍其實就是二次世界大戰戰後的戰爭電影中，士兵們從肩膀卸下的槍械，就算是對槍械毫

一般士兵的裝備

軍用包

軍人用的後背包，可攜帶作戰所需天數的食糧與水。

頭盔

保護頭部的護具，有些還會附有可夜視的輔助鏡頭。

刀子

裝備有包含作戰等多種用途的刀子，某些部隊甚至會配給戰斧。

急救處理包

備有止血帶、止血貼布等，受傷時最低限度所需的急救用品。

突擊步槍

一般士兵最常裝備的標準槍械，除了可單發射擊，還可連續發射。

手槍

攜帶手槍，可替代突擊步槍；也有些國家沒有配給手槍。

手榴彈

攜帶數枚手榴彈，可用來攻擊牆壁另一側等無法射擊到的位置。

備用彈藥

作戰背心會在容易拿取的位置附有擺放彈匣的口袋。

任何軍隊的基本裝備都一樣

根據每個國家的考量或經濟情況不同，軍用裝備可能會稍有出入，但士兵持有的裝備原則上大同小異，另外也會視任務增減所需裝備。

無興趣的人，或多或少也聽過ＡＫ－47或Ｍ－16這些知名的步槍名稱。

有了這支突擊步槍，再搭配上幾枚手榴彈與刀子，就是步兵所裝備的基本武器，有些國家還會額外配備手槍。另外還會有備用彈藥、頭盔、防彈背心等裝備；軍用包則會裝入所需的食糧並隨身攜帶。

至於士兵的指揮系統，會依每個國家的階級稱謂而存在許多差異，但其實與一般企業一樣具體明確。這裡就以電影中常聽聞的軍階為例，上校或上尉是負責下達命令的士官，相當於一般企業裡經理級以上的人物。另外，士官長、上士或下士則是士官，算是介於上司與部屬之間的中階主管，也是戰爭現場的核心角色。人稱上等兵或二等兵的士兵就等同於一般員工，而士兵裡頭其實存在著各種不同類型的人們。

各位對於部隊編制或許也不是那麼熟悉，再加上每個國家的編制差異甚大，這裡只能大致概括談論。實際上，參與作戰行動的最小單位稱為分隊，人數約為八至十二人；集結兩支以上的分隊，人數約三十到六十人即稱為小隊；再進一步則是中隊、大隊、聯隊、旅團、師團。對照軍隊階級的話，中士到中尉等級負責掌管小隊，中尉到上尉等級則負責率領聯隊，再進階就會是軍官等級。

指揮官階級與部隊編制

軍官	士官	兵卒
元帥、上將、中將、少將、准將、上校、中校、少校、上尉、中尉、少尉	士官長、上士、中士、下士	准下士、上等兵、一等兵、二等兵

詳細的階級區分

軍隊會以階級詳細區分出各種身分。每個國家的區分方法不盡相同，但基本上會有二等兵或上等兵的一般士兵，以及位階高於一般士兵，負責現場監督的士官長、上士、中士與下士等士官，士官之上則是負責指揮作戰的軍官菁英。

名稱	人數	指揮官
師團	10,000～20,000	中將～少將
聯隊	500～5,000	上校～中校
大隊	300～1,000	中校～少校
中隊	60～250	少校～上尉
小隊	30～60	中尉～中士
分隊	8～12	中士～下士
班	4～6	下士～一等兵

部隊的基本規模

每個國家的部隊編制與名稱差異甚大，但基本上最小行動單位的班或分隊人數大約介於4～12人左右。集結少人數的分隊就能擴編成小隊、中隊、大隊等大型單位。實際執行作戰時，也經常會依作戰內容編制部隊。

戰時老百姓的遭遇

即便是國與國之間的戰爭，軍人還是有必須遵守的規定。這個規定又名為戰時國際公法，法律內容不只在交戰期間，就連開戰前也必須遵守。知名的戰時國際公法包含了一八九九年於荷蘭海牙通過的《海牙公約》，以及一九四九年之後於瑞士日內瓦締結的《日內瓦公約》，其內容主要是禁止軍隊於戰爭中做出違反人道與殘虐的行為，並規範對戰俘的待遇與平民的保護。

《海牙公約》除了禁止投毒、使用具毒性的武器，以及會造成不必要痛苦的武器外，更禁止殺害敵國平民或捨棄武器投降的敵軍。針對宗教、學術、慈善用途的建物或醫院的攻擊行動也會有所限制。

《日內瓦公約》同樣限制軍隊的攻擊目標僅限於戰鬥員、軍事基地或是存放有武器的軍事設施，禁止對平民、醫院、教育設施、核電廠發動攻擊。無論在何種情況下，針對未直接參與敵對行為的人們同樣要採行人道對待，嚴禁施予暴行、殺害、刑求等行為。另外也有禁止或限制反步兵地雷、生化武器、有毒氣體之開發、生產或持有的相關國際公約。

當今國際局勢，只要出現投放有毒氣體、攻擊平民、虐待俘虜等非人道行為，就一定會遭到

學校

醫院

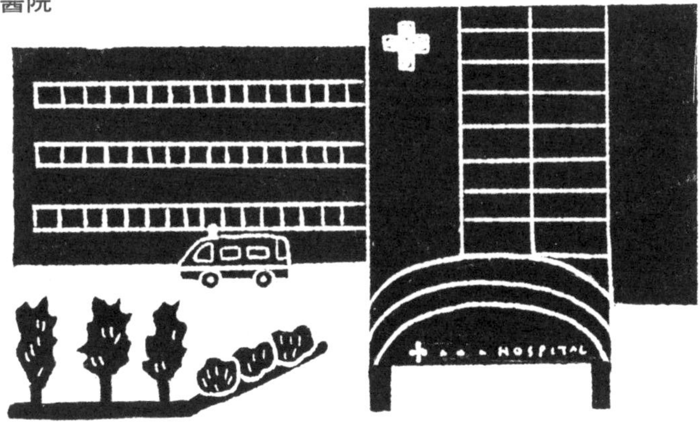

國際法規定禁止攻擊的設施

日內瓦公約與海牙公約等戰時國際公法，除了禁止軍隊攻擊平民，也禁止對學校等教育設施及醫院發動攻擊，因此這些地點往往會被列入避難選項。但如果所有人蜂擁而至，那麼真正需要庇護或治療的人可能就不得其門而入。

世界各國譴責，這也會讓攻擊方盡量避免做出上述行為。

如此說來，身為平民老百姓的我們基本上就不會淪為攻擊對象，但實際上又是如何？國際公法僅對參與的國家具備約束力，卻無法保證世界上不法存在的國家或組織是否也會願意遵守。認真說來，綜觀目前世界各地發生的紛爭，其實不乏平民慘遭轟炸、戰俘遭非人道對待等案例，也經常聽聞使用有毒氣體、學校遭襲的事件。就現況而言，理當保護老百姓的國際公法似乎並沒有充分發揮作用。

逃入醫院或學校等設施藉此躲避轟炸，應該是能夠有效保命的方法之一。然而就在可能遭到轟炸時，周遭附近的所有居民是否都能順利逃入設施中避難，卻是個未知數。假若設施規模不大，那麼將會限制可容納的人數，警方或軍方也有可能針對入場人數做限制。各位雖然可以列出避難地點的名單，不過還是要有不見得能夠入內避難的心理準備。

國際公法禁止或限制的行為

- ► 使用休戰旗、紅十字旗從事軍事活動
- ► 不當使用求救訊號
- ► 使用敵國軍服或標誌
- ► 對非戰鬥人員的攻擊
- ► 對投降士兵加以危害
- ► 攻擊或強制移送一般民眾（平民）
- ► 使用反步兵地雷、化學武器 等等

戰爭時，是否真有法可言？

戰爭期間國內法律依舊持續運作，如果國家出現違法者，會有警察組織或刑罰加以約束。但是世界各國之間並沒有這類約束機制，所以我們無法百分之百保證平民不會被攻擊，敵人也不會使用生化武器。

決定自己採取的行動

我國國軍系統可能已經慘遭敵國癱瘓，敵軍部隊即將登陸。自己居住的區域開始傳出敵人將挺進的消息時，你該採取什麼樣的行動？

決定行動時，最重要的是必須了解對方為什麼要發動戰爭。發動戰爭的理由其實很多，有可能是為了取得國內的某種資源，也有可能只是想要擴張領土，又或者是過去曾被侵略而心懷怨恨，因而採取報復攻擊。

弄清楚敵國發動攻擊的背後目的後，就能猜想敵軍會如何對待你我。就算敵人入侵，但若是打算繼續沿用現有的設施或組織展開統治，應該就不會隨意殺害平民或破壞城鎮。因為統治方會盡量避免做出遭老百姓厭惡的行為，而且一旦肆意妄為，破壞當地的設施或設備，日後統治也必須從頭建造，相當耗時費工。除此之外，如果今天敵國是想要占取資源，基本上就會盡量留下平民負責勞力工作。

如果確實接收到敵國士兵會人道對待一般民眾的訊息，那麼甚至可以選擇繼續留在家中，備足儲備品，等待敵軍的到來。

正確判斷情況，決定如何行動

當敵軍接近時，可大致列出3個選項，分別是被占領後成為俘虜、逃脫或是奮力一搏。充分掌握敵人的登陸目的，民眾又會被如何對待後，再從中選擇存活機率較高的選項。

不過，事情也可能沒有這麼簡單，如果敵軍侵略的用意是種族淨化，無論是基於政治、經濟或宗教目的，你我都很有可能慘遭虐殺；若是基於仇恨而發動攻擊，那麼一旦被捕，飽受刑求後，最後還是可能被凌虐致死。

既然如此，除了逃就別無他法了。我們必須帶上最低限度的必需品，與家人盡可能地遠離敵軍進占地域。話雖如此，要想掌握敵軍所在位置或部隊規模這類正確資訊卻是相當困難的事。總而言之，我們只能盡量逃向內陸、沒什麼人煙的地方。

最後一個不得已的選項是奮力一搏。儘管能夠存活下來的機率並不高，但總比等著被殺好上許多。

疏散的因應對策

你目前住在什麼樣的地方？是擁有幾十萬人口的大型都市公寓？都市近郊的住宅區？還是周圍數公里都無人居住的山裡？

當敵軍來臨時，住在哪裡其實非常重要。如果是生活在大都會區的公寓，雖然會因為身邊人多而感覺有伴，但人多之處卻也容易成為砲擊目標，再加上群眾心理作用，無論事情好壞都很容易受他人影響行動，還有可能做出錯誤判斷。既然如此，覺得有可能遭敵軍進攻時，各位不妨考慮遷移到人少的鄉下生活。

住在人煙稀少處最大的優點，就是被攻擊的機率較低。如果是都市區，一枚炸彈可能就會造成數百、數千人傷亡，可是同樣的炸彈在人少處所造成的殺傷力將大幅降低，所以敵人既不會刻意砲轟人煙稀少的地點，為了鎮壓所派出的士兵人數當然也會比較少。戰爭時，較安全的地點其實就是敵人攻擊了也沒有好處，攻擊成效不佳的區域。如果家中成員只有女性與孩童，雖然有可能不幸捲入犯罪事件，但人少的鄉下還是遠離戰火的最佳地點。

再者，充滿大自然的環境能夠躲藏或是儲存資源的地點也多。逃離敵軍後，比起繼續待在市區，逃往森林裡被追捕的機率反而更低，只要事先在幾個地點儲存食糧與裝備，就能藏在山中好幾天。哪怕有個萬一，還有河川的流水可供飲用，山裡面也有許多可以食用的植物與動物。以日本地理環境來說，僅管森林地帶並沒有非常遼闊，可躲藏的範圍或許有限，不過當我們必須迎戰敵軍打起游擊戰時，潛入森林絕對會更容易躲藏。

鄉下的風險比都市更低，更易生存

比起都市，鄉下被攻擊的機率絕對更低。只要具備求生技巧與工具，就能在森林中繼續活下去。

占領下的生活

被占領時的生活面貌

我不得不承認，就現實面來看，當大量敵軍攻來時，一般民眾想要逃脫，或是舉兵對抗可說是非常困難。如果身邊還有年幼孩童，那更是難上加難。當敵軍成功占領我方地區時，百姓唯一能做的就是服從命令。不過，被占領時的生活究竟會是怎麼樣呢？

第一個可能的模式，是敵軍會發布戒嚴令，並管收人民，但我們還能維持和過去幾乎一樣的生活方式。如果自己的家在轟炸時被催毀，可能就會像二次世界大戰後的日本一樣，被迫入住簡單搭建的棚屋。只要敵軍在非必要的情況下不會殺害老百姓的話，我們的行動或許會受到限制，但基本上還能與家人一起生活。從另一個角度看，我們這時已然成為人質，只要民眾還生活於當地，我軍就難以為了搶回領土而採取攻擊；換句話說，敵軍會將人民視為擋箭牌。

還有一種可能的模式，是將所有民眾都集中於一處管理，當地居民活動設施、學校、體育場等地都變成了收容所，屆時就只能在這些地點過著團體生活。對敵軍而言，如果想利用人民的勞力，那麼集中管理將會是更加方便的手段。萬一必須殺掉所有人，這樣的管理模式自然也會

被占領後，行動自由受到限制

遭占領後，敵軍應該會為了預防暴動與反叛行為，開始限制人們的活動自由。也會在重要地點設置盤查口，確認每一個通行者，夜間外出當然也會受到限制。

比較好下手。

再者，占領時期的食物一定會改由敵軍統一配給，不過會這麼做並不是因為對方基於人道理念，想將食物分發給每個人，而是透過食物量來掌握並管理民眾人數。被敵軍管收後，或許還能維持最低限度的健康生活，但已經無法期待奢侈享受與自由了。

如果能夠在家與家人繼續生活的話，注意一定要夠簡樸且非常低調，也絕對不能對敵軍表現出明顯的反抗態度，或是做出故意靠近等行為。如果敵軍打算利用恐懼心理來控制民眾，就有可能將人處刑以儆效尤，所以讓自己在人群當中變得突兀一點好處也沒有。另外，就算附近沒有敵軍駐紮，還是一定會有為了討好敵軍而去密報的人，因此就算是自家國人也不能掉以輕心。

就算是同一國家的人，也不見得全都是好人，一定還是會有想趁戰爭混亂期間幹壞事的本國籍人士，所以盡量別讓自己過於醒目，才能避免成為這些卑劣犯罪者的目標——畢竟此時此刻能夠保護你我的法律已經不存在了。

即使是白天，家中也要關緊門窗；如果只有窗簾也必須拉上，以防外面看見家中情況，日常生活盡量避免發出聲響。說話時音量也必須壓低，料理時則要想辦法別讓氣味飄出去，當然也要減少夜晚用燈。總之，就是必須讓周遭不會察覺自己的存在。

除此之外，占領期間也有可能遇到槍擊或砲擊，所以別睡在玻璃窗邊，還要在枕頭邊擺放隨身救急包與鞋子，讓自己隨時都能在緊急情況下逃脫。另外也要先與家人決定好萬一走失時，要在哪裡集合，或是該如何連絡上彼此。

預防外面窺探家中的生活模樣

如果自宅未遭空襲破壞，還能與家人一同生活的話，那麼就要簡樸低調才行。白天也要關上門窗與窗簾，避免外面看見家中的模樣，在家中也要極力避免聲響或氣味傳到外頭，同時要盡可能地減少夜間所需照明。除了敵軍外，也要留意本國籍的犯罪者。

治安的惡化

敵方軍隊就算軍官嚴厲要求自律，但當中一定還是會有脫序的士兵。實際上，在二次世界大戰期間，美軍登陸沖繩之際，就曾發生無數起駐留當地的美國大兵所犯下的強暴案件。另外也有紀錄載明，戰後的日本本島曾有士兵集結成黨，入侵一般民宅，犯下施暴、殺人、強暴等罪行。所以各位一定要充分認知到，無論是多麼先進的國家，也不分本國與外國，都一定會有作奸犯科的士兵。

然而，可怕的不是只有會犯行的敵國軍隊與職業軍人，各位也必須留意國內人數不斷攀升的本國籍犯罪者。

敵軍占領後，國內食物及生活物資生產受阻，貨運或船運等運輸可能中斷，這時就會出現糧食與物資不足的情況，搶奪或強盜犯罪將隨之增加，強暴等性犯罪當然也會有增無減。國內警察已不再具備任何約束力，犯罪人數一定會往上攀升，其中或許包含了父母雙親遭攻擊身亡的年輕人，或是無家可歸只好犯下罪行之人。當一個人對未來不抱希望，開始自暴自棄的時候，什麼事情都做得出來，所以必須特別小心。

危險的不是只有敵人

戰爭開打、治安變差之際，本國籍的犯罪人數一樣會增加。這些人的犯行可能相當險惡，所以一定要保持警覺。

唯有讓自己夠低調，才能避免被這些犯罪者盯上。不僅要避免華麗的打扮，外出時也要刻意穿著略髒的衣服，還要盡量避免夜間外出，不要走人少的窄小巷弄，孩童與女性更要避免單獨外出。不想捲入犯罪、保護自身避免成為案件受害人的最好方法，就是不要前往容易發生犯罪的地點。

外出時，更需要掌握前面篇章所提到的日常基線，有意識地建立基線，才能敏銳地掌握犯罪徵兆。一旦出現可疑人士或停有可疑車輛，就不要靠近。萬一終究還是難逃強盜或搶奪威脅時，只能乖乖地交出對方要求的物品，畢竟對方此時也已經豁出去，無謂的抵抗只會白白令自己受傷甚至失去性命。

自宅也能採取的防衛手段

犯罪之手有可能伸入你我家中，所以一定要事先思考應該採取什麼樣的自衛措施。首先，如同前面篇章所述，哪怕人在家中或白天時都要鎖緊門窗、拉上窗簾，別讓外面看見家中生活的模樣。

花點心思，一旦入侵者闖進自家範圍時就能立即察覺也是很好的做法。舉例來說，其實只要簡單地在住家周圍的小走道鋪上沙礫，人走過時就會發出聲響，讓我們知道有人闖入。鋪上居家修繕中心販售的預防犯罪用沙礫將會發出更大聲響，各位可於平常備妥，以防不時之需。預防犯罪用的感測器或監視器類的商品選擇眾多，非常推薦各位安裝於家中。

此外，與能夠信任的鄰居相互協助其實也非常重要。只要平常保持交流，一旦發現可疑分子或有人闖入時，相信鄰居便能給予極大幫助。

想到入侵者可能會對家人帶來傷害，那麼家中最好也要藏些武器。即便只是球棒也好，高爾夫球桿也罷，就算只是根木棍也行，建議各位將這些物品藏在能夠馬上拿起使用的位置。

利用沙礫預警
幫助察覺外人入侵

在住家周圍的小走道或陽台鋪上沙礫的話，入侵者踩踏時就會發出聲響，讓我們知道有人闖入。市面上另有販售會發出更大聲響的預防犯罪用沙礫，也是不錯的選擇。

就近與鄰居團結合作

為了預防犯罪，就算不用到組成自衛隊的程度，也仍然需要與住在附近的鄰居協力合作。平常保持交流，增加彼此的和睦關係。

打造避難所或安全室

在國外，有些住宅會備有安全室（safe room），一旦出現強盜等非法入侵者，就能入室避難。安全室大多相當隱密，不容易被察覺；即便被入侵者發現，堅固的結構也難以從外部打開。有些安全屋備有廁所、電源、能夠與外部通訊的設備，以及可觀察家中情況的螢幕，只要備妥水與食糧，就是個非常完備的避難所。如果能事前在家中設置這類設施，遇到突發狀況時就有機會派上用場。

另外，市面上也有販售必須設置於地底的真正避難所。這類避難所能夠抵擋核武或生化武器的攻擊，會讓人更感安心。各位可以自行思考要做到什麼程度，但我認為絕對有評估設置這類設施的價值。就算無法設置完備的安全室或避難所，建議還是要想想萬一有人闖入時，應該躲在什麼地方。

挑選一間像是儲物室等只有單一出入口的房間，安裝可以從裡面上鎖的門鎖，這樣就足以成為簡易的安全屋。裡頭最好能夠擺放可作為武器使用的物品，或是向外呼救、通知有威脅存在的哨子。

準備好外人闖入時可躲藏的地點

只要事先設想好可供躲藏的空間，萬一有人闖入家中時也能比較安心。打造能夠抵擋核武、生化武器攻擊的避難所也是選項之一。

蒐集情報，思考下一步該怎麼做

當我們生活地區遭敵軍占領後，一定要先掌握占領當下狀態的基線。如果還是占領初期，情報量或許不多，但依舊有必要了解敵軍的目的。敵人究竟是想大開殺戒？還是統治我們？如果敵軍開始以各種名目傷害當地百姓，我們就要立刻逃離；如果對方不會胡亂殺人，那我們可能就必須考慮是否要低調地繼續生活。

處於占領期間，光是步行外出，都有可能被誤認為士兵而引來敵軍攻擊或盤問，男性更是不能成群結隊地行走。一般來說，最好的情況是能夠逃到不被敵軍統治的區域，但以當下的占領局面來說，嘗試脫逃會變成風險頗高的行動。大多數人能夠選擇的，應該就只剩繼續留下來這個選項了。

即便是目前仍處於戰時狀態的黎巴嫩與敘利亞，其實還是有非常多人繼續於當地生活。各位或許會覺得費解，為什麼這些人不想辦法逃到國外，至少確保性命無虞呢？但現實卻是他們根本無處可逃，所以就算突然遭受轟炸，也只能繼續住在戰火肆虐下千瘡百孔的家園。更令你我感到不可思議的是，即便人處於那樣的環境裡，竟然還可以若無其事地洗衣、吃飯、睡覺，繼

以低調裝扮巡邏四周

除非是在不得已的情況下，否則敵軍不太會出手攻擊。即便存在風險，還是要繼續蒐集情報，當戰況改變時，或許就有機會逃脫。

續生活。雖然目睹許多人喪命，每天都感到無比悲傷，對未來擔憂恐懼，但人還是會不知不覺地習慣生活於戰爭之中。

就算生活如此，各位還是要機警地觀察四周與蒐集情報。敵方有可能會態度丕變，開始攻擊民眾；當然也有可能戰況改變，屆時我們就有機會往外逃。總之，絕對不能忽略掉基線與破壞基線的跡象。

另外，也建議各位事先調查好能夠逃亡的路線、路途中會經過的盤問點，甚至是地雷陣位置，當戰況改變時就能夠派上用場。精確分析狀況，決定接下來該如何行動，這也是為什麼蒐集正確情報比什麼都還重要的原因。

敵軍的目的

首先，必須先知道敵軍為何要攻擊並占領我方。萬一對方打算要殲滅整個國家與國民，那麼在敵軍大開殺戒之前，就要趕緊帶著家人能逃多遠就逃多遠。

敵軍的規模與裝備

敵軍來了多少人？有哪些裝備與武器？最好還要知道對方士氣是否高昂、熟練與否，以及部隊夠不夠整齊劃一。

當前戰況與接下來的走勢

預測戰況可能的走向。透過持續的觀察及預測，才能做好行動時應有的準備。

可行走的路線、盤查口位置

事先調查避難或逃脫時能使用的路線。重要地點可能會設置戒備森嚴的盤查口，也必須充分確認。

女性絕對要低調

當本國被敵國占領後，建議女性剪去長髮、剃成光頭，並盡量維持骯髒的模樣，當然也不能化妝。

正如前一篇章所述，戰爭必然會伴隨強暴事件，我想世上應該沒有從不曾犯下強暴罪行的軍隊吧。這樣的行為當然不是軍人被賦予的任務，大多數的軍隊也會將強暴視為犯罪，犯下強暴罪的士兵必須接受軍法制裁。那麼，強暴罪犯為了隱匿罪行，要怎麼做才能夠不留下蛛絲馬跡呢？其實答案很簡單，就是直接了當地將對方先姦後殺。

當女性面臨被強暴的危機時，就要有被殺的心理準備，所以必須思考怎麼做才能避免成為被強暴犯盯上的對象。首先，絕對不能有帶女人味的髮型、服裝及姿態動作。

穿著長袖、長褲，挑選不會露出肌膚的服裝。服裝顏色不能鮮豔，款式最好能夠遮住身體線條。也要刻意弄髒衣服，不可太過乾淨。外出時要戴著口罩、彎腰垂頭，這樣才能有效地自我保護。

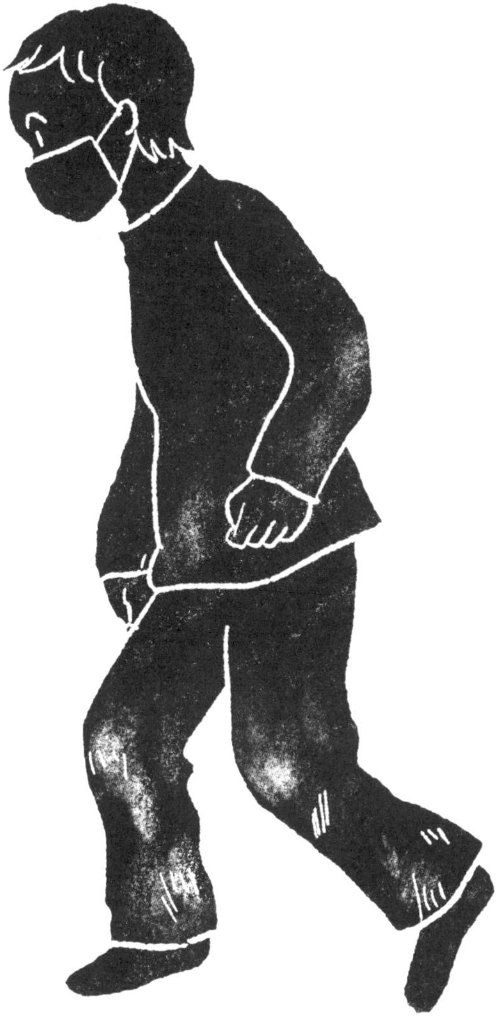

骯髒的模樣才能自我保護

如果不想吸引犯罪者的目光，就要避免穿著女裝。把頭髮剃光、穿著寬鬆看不出身體線條的衣服，盡量把自己弄得看起來很骯髒，當然也不能化妝。

投降的技巧

強調自己毫無敵意

投降，原本是指放棄對敵對士兵的作戰行為，服從對方的意思。老百姓基本上不會有所謂投降的行為，但這裡也把讓對方知道自己沒有要對抗的意思稱為投降。

各位或許以為投降是既簡單又安全的行為，但實際上卻並非如此。舉例來說，許多人都知道舉白旗代表想要投降，但在激戰過程中，高舉白旗或是從暗處露臉，反而更有可能遭槍擊。哪怕是丟掉武器、高舉雙手，接著走近敵軍藏身的暗處，也一樣會遭襲擊。因為在對方看來，即便你已經丟掉武器，但身體上還是有可能捆著炸彈，所以並不是百分之百安全。再者，打仗時多個俘虜不僅難處理，也沒任何好處，直接射殺便成了最安全的處理方式。

各位必須充分意識到，投降還是有可能喪命，所以必須思考怎麼做才能安全地投降。

如前方所述，在戰火未停的狀態下舉白旗還是會遭襲擊，所以必須抓緊對方情緒趨向緩和的時間點，表達自己想要投降的意思。另外，最重要的一點就是動作要緩慢，無論是走路還是舉起雙手時都要盡可能地放緩動作。拉近與對方的距離後，維持張開五根手指、高舉雙臂的動作，接著慢慢轉身，讓對方能看見全身上下，接著依照對方的指示行動，這時動作的速度一樣要非常緩慢，能夠脫掉外衣當然更好。動作太快或是太突然都會讓對方充滿戒心，在戰時期間對方就有可能毫不猶豫地扣下扳機。所以我們必須做好當對方開始防備時，會立刻開槍的心理準備。

即便是行走在路上時，被士兵從後方喊住，或是人在車上，被要求停車並下車時，動作一樣要非常緩慢。雖然可以高舉雙手，表達自己並無敵意，但記住要慢慢將雙手舉高。如果是被叫住，那就表示對方並沒有打算要立刻開槍，只要別做出任何激怒對方的行為，就很有機會保住一命。要在這種緊張情境下慢慢舉起雙手雖然很難，各位還是要記得沉穩行動，更別想說要作勢逃跑。萬一對方真的開槍，就算只被射一槍也要順勢倒下，不再有任何動作。如果動了，對方可能會再補好幾槍確保把你打死。

做任何動作都要非常緩慢

想要表現出自己無意抵抗、願意服從的話，可以舉高雙手，或是雙手置於腦後並跪下。這時如果出現較突然的動作對方一定會開槍，所以每個動作都必須非常緩慢。

讓對方知道自己接下來會做什麼後再行動

當我們人在車上，被要求停車並下車時，可以先高舉雙手，用手指示意要打開車門後，再慢慢將手放上門把。

被敵軍從身後喊住時

被持槍的敵軍從後方喊住時，千萬不可以立刻回頭或高舉雙手。首先，要停止動作，慢慢舉起雙手，再三強調自己沒有要反抗的意思，接著就要依照對方的指示行動。慌張地想要奔跑脫逃就只有挨子彈的份。

遭俘虜的老百姓會如何處置

套上布袋

這雖然是常出現在電影的場景，但真的被布袋套頭時，會感受到強烈的恐懼且難以呼吸。

一旦遭到俘虜或被捕時，我們的手腳或是雙手會被綑綁，無法自由活動。對方可能會用帶子或繩索綑綁，也有可能用束帶固定。大多數的人並不知道雙手被緊緊固定在身後會是什麼樣的情況，但其實這樣的動作會讓你感到相當不安。

有時可能還會被布袋蓋頭，以致無法觀察四周。實際被布袋蓋頭時，會發現每次吸氣時，布袋會緊貼口鼻，使呼吸變得困難，甚至讓人覺得喘不過氣。

雙手被綑綁在後，如果又被布袋套頭，那麼內心會感到極為不安；再加上什麼也看不見，

雙手被綑綁在後，趴躺於地

被用繩子或束帶從後方綁住雙手後，對方會強迫你我屈膝並趴躺於地；也有可能被布袋套頭，要求做出手抵著牆壁的動作，只要動了就會遭到毆打，這麼一來你我將毫無反抗能力。

突然被敲打頭部時，感受到的衝擊會比實際上更加強烈。身體動彈不得，無法得知會遭受什麼樣對待的恐懼瞬間襲來，呼吸變得急促卻愈來愈喘不過氣，全身被不安籠罩著，光是如此就有可能讓人陷入恐慌。

沒有人知道被囚禁後會受到怎麼樣的對待，有可能被送往收容所，也有可能會遭受嚴刑拷打，當然也有可能成為宣傳影片的主角遭到處刑或槍殺。其實在人類的歷史上，已經有數十萬、數百萬的人像這樣死於非命，我們當然也有可能是那其中的一人。

遭刑求

雖然不敢想像，但被囚禁後就有可能遭到刑求。這與你握有什麼樣的情報毫無關係，有時對方刑求只是想攻擊你罷了。

集中至收容所

屆時有可能會被送至某處的收容所。或許是非常遙遠的收容所，也有可能被迫從事苦力。

遭處刑

刑求後直接處刑的行為雖然受到禁止，但在戰爭時卻極有可能發生。萬一發生了，也只能說實在遺憾……。

作為政治宣傳

囚禁也有可能被對方用來宣傳政治或宗教訴求，自己斷頭的模樣可能會被影像記錄，並散播到世界每個角落。

被捕前一定要進食！

所謂的投降，是指一切任由敵軍擺布，當然就有可能遭遇超出預期的嚴苛對待。遇到這樣的情況時，必須做好下述的心理建設，才能讓自己情緒維持穩定。

首先，不要有任何期待，也不要覺得後悔。人之所以會失望，是因為對某些事物心存期待，因期待落空而感到失落後悔。敵軍正是利用人們無法承受不合理要求的心理，使人飽受痛苦，削減你我的求生意志。沉浸在失望、後悔的情緒裡將會剝奪生存能量，所以要避免自己處於這樣的心理狀態。

軍隊會告知士兵只要撐過眼前艱苦的訓練，明天就有美味的早餐，但到了隔天卻又不提供早餐，透過這樣的方式反覆訓練。如此一來便能剝奪心中的期待，強化隊員對任何不合理事物的承受程度。

各位還必須保留體力，等待逃亡機會的來臨。除此之外，別讓自己受傷也很重要。如果決定投降，先把身邊所有的食物都吃掉吧，之後的事就順其自然。各位要體認到，如果沒有相對的覺悟與勇氣，將很難在戰爭這個無道理可言的世界存活下來。

被捕後的心理建設

- ► 無須期待
- ► 無須後悔
- ► 不做無謂抵抗
- ► 盡量掌握情況
- ► 別讓自己受傷，等待機會來臨

被施以暴力時的姿勢

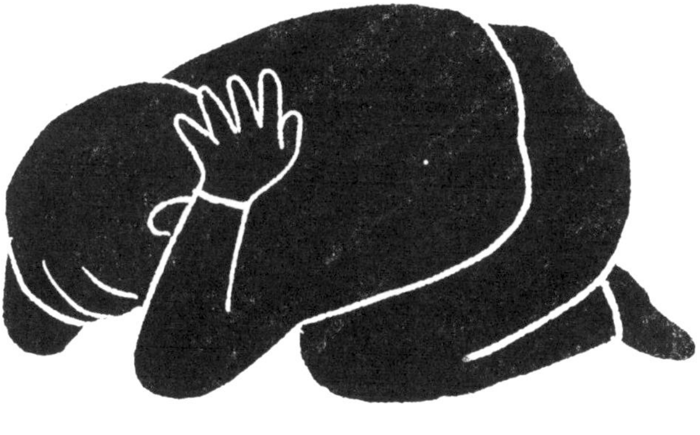

用手護著頭部與耳朵，身體蜷曲變小

我們可能必須承受對方士兵不斷施加的暴行，如果做出無謂的抵抗，只會讓自己吃更多苦頭。這時只能用手護著頭部與耳朵，蜷曲身體，承受對方攻擊的同時等待機會來臨。

COLUMN 4

什麼是軍用無人機？

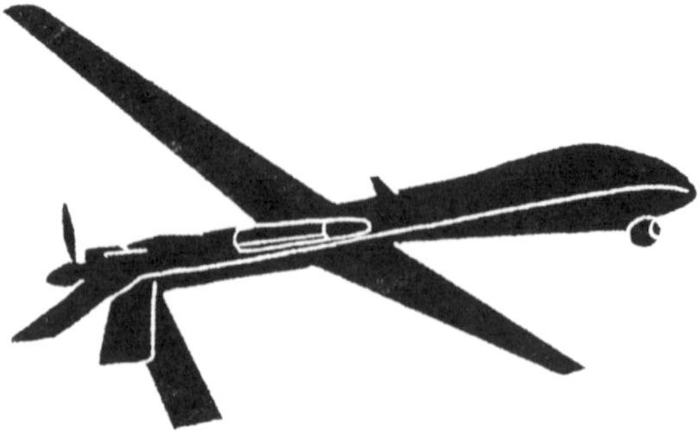

執行偵查、攻擊任務時，不需駕駛員

原本就被開發為軍事用的無人機，已是現今戰爭中不可或缺的存在，各國的開發競爭也更趨激烈。

近幾年，在許多實際的戰爭中都可以看見無人機（drone）登場。無人機的好處在於可遠端遙控，就算遭到擊落也不會造成人員傷亡。操縱人員就像玩遊戲一樣，看著螢幕執行轟炸或飛彈攻擊任務。無人機還可搭配人工智慧（AI），選擇最佳路線，甚至已開發出空中加油、自行於航空母艦起降等技術，更有人預測將來不再需要有人員駕駛的戰鬥機。

不只是飛機，陸路及海路武器的無人化技術同樣持續發展，或許人類面對面的戰爭會在未來的某一天變成過去式。

戰場求生術

STAGE 5

戰場上會發生什麼事？

可能遭遇的攻擊

在遭到彈道飛彈攻擊或空襲，敵軍接著登陸後，許多地方勢必會伴隨出現各種形式的作戰行動，這也代表著自己的國家終將變成戰場。那麼，在真正的戰場上會遭受到怎麼樣的攻擊呢？最容易想像的應該就屬槍擊了吧。屆時雙方的步兵勢必會拿著突擊步槍，在各處引爆槍戰。就算是一般民眾也有可能被捲入槍戰之中，自己說不定也會成為槍擊目標。

若是不幸被能夠連續發射多枚子彈，威力驚人的機關槍瞄準時，就必須逃往厚實的混凝土牆後方躲藏。另外，我們也有可能遇到步兵投擲手榴彈等爆裂物，遭到士兵可攜帶行動、人稱RPG的火箭推進榴彈轟炸，或是遭到能將周圍燃燒殆盡的火燄噴射器攻擊。士兵持有的武器種類極為多樣，所以很難知道究竟會受到什麼形式的攻擊。

除此之外，你我身旁會有發出巨大聲響的戰車駛過，還會看見許多輛備有重機槍的步兵戰車來回行駛。如果人被五〇口徑的重機槍擊中，中彈處基本上會化成鮮紅的煙霧狀，萬一被數枚子彈擊中，那麼人體會整個噴散，不留下任何痕跡。另外，看向天空時，可能也會發現對地攻

爆發敵我雙方的混亂槍戰

一旦進入陸戰，想必各地都會發生激烈槍戰。走在路上，一個不小心就可能遭狙擊槍遠距離射擊。

擊直升機正高速飛行著。

即便是單純地走在路上，也可能被潛伏在數公里外的狙擊手以瞄準鏡盯上。一旦遭狙擊槍遠距離地射擊頭部，你會立刻喪命，而且沒有任何感覺。

迫擊砲的砲擊威力也非常可怕。迫擊砲是能高角度發射砲彈的火砲，口徑範圍從六〇公釐至一二〇公釐不等，重量輕，且方便攜帶，因此經常列入步兵的標準裝備當中。迫擊砲的彈道呈拋物線，射程並沒有非常遠，命中精度也不高，但砲彈的破壞力卻是極為驚人。迫擊砲的砲彈會從上方落下，所以就算眼前有遮蔽物也起不了任何作用。敵軍會在每分鐘發射超過十枚的砲彈做全面壓制，被攻擊的一方只能壓低身體撐過攻擊。迫擊砲可怕到一旦聽見「碰」的射擊聲，就要做好「死定了」的心理準備，會不會被打中完全要看運氣好壞。

不僅如此，砲擊也有可能夾帶著毒氣。像是芥子氣等有毒氣體除了容易致死外，一旦接觸也會感受到極大的痛苦，所以絕對要避免自己或家人受害。察覺有毒氣攻擊的威脅時，無論如何就是先逃再說。但如果往下風處逃的話，毒氣會隨風逼近，所以要往上風的方向逃命。我們無法立刻知道是否有毒氣散布，建議各位平常就要提高警覺，只要察覺不對勁便要立刻行動。

如果周遭沒有敵軍士兵的蹤影，就表示可能有地雷或炸彈陷阱。地雷可分為踩下後啟動引爆裝置的壓力式地雷，以及透過紅外線偵測作動的地雷。要發現埋設的地雷其實極為困難，其中包含了放置於路旁，當人覺得受到阻擋，移動瞬間就引爆的詭雷；另外也有只是把炸彈放在路旁石塊下，當有人路過時，再以遠端遙控的方式引爆。

破壞力驚人的迫擊砲

近距離攻擊用的迫擊砲威力驚人，足以將四周破壞殆盡。砲彈會從上空墜落，就算眼前有牆壁遮擋也起不了作用，對步兵而言是相當可怕的武器。

無差別式的毒氣攻擊

我們無法保證敵軍不會使用生化武器。不過一旦察覺可能遭散布毒氣時，就只能先逃再說。

戰爭會出現的武器

這裡要介紹現代戰爭中，哪些場合會使用怎麼樣的武器。

首先，負責空路的當然就是飛機了。其中包含了較不容易被雷達偵測到的偵查機；搭載高性能雷達，可從上空探查敵我雙方情勢的飛機，做好戒備的空中預警機；能從高空執行精密轟炸的轟炸機；可攻擊地面基地、戰車、步兵的對地攻擊機；還有能與敵機展開對戰的戰鬥機與直升機等，類型相當多樣。

使用於海路的則是艦艇。艦艇分成可搭載短航程飛機的航空母艦；備有高性能雷達、具備卓越攻擊能力的神盾艦；搭載飛彈的飛彈巡防艦；能夠神不知鬼不覺地駛於海中的潛艦。然而，搭載有龐大艦砲，自古以來就是海軍象徵的戰艦，在現代海軍當中卻已經鮮少運用了。

陸路的武器則包含了擁有大口徑砲塔的戰車；能載運步兵，火力更強大的步兵戰車；另外還有運兵車、自走砲等等。另外，非洲等地則是常把民用的貨卡車加上機關槍，改裝成武裝貨卡車。古代的行走裝置多半靠履帶運行，但到了現代，主要都改成橡膠輪胎設計的車輛。

飛機

能夠於空中執行攻擊或防禦任務的飛機，包含可與飛機對戰的戰鬥機、主要負責轟炸的轟炸機，可依照攻擊方式及能力區分成多種類型。戰鬥直升機同樣是相當具威力的航空武器。

戰車

包含了行駛時會履帶會發出聲響的戰車、搭載輪胎行駛的輪型裝甲車、負責載運步兵的運兵車等等。能夠載運步兵，同時具備強大火力的步兵戰車，除了可作為戰車使用外，更擁有表現驚人的攻擊力。

艦艇

現代海軍最主要的軍備，就是能夠搭載數百架飛機的航空母艦。另外較常見的還有具備索敵能力，擁有絕佳對空、對艦、對潛艦攻擊能力的神盾艦，以及飛彈巡防艦或能夠於海中隱密行動的潛艦。

地雷

將反步兵地雷設置於地面或地底，只要一被踩踏，就會感應壓力而爆炸。有些地雷還會刻意設計成不會造成人員死亡的殺傷能力，以增加對方人員負傷的方式削減其戰力。但是地雷屬於無差別式攻擊，可說是非常殘酷的武器。

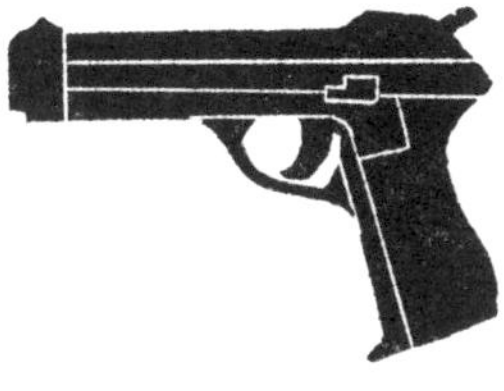

槍械

數量最龐大的武器應該就屬槍械了吧。除了幾乎所有步兵都會配備的突擊步槍，還有手槍、機關槍、狙擊槍、霰彈槍、榴彈發射器等，種類相當多樣。

遭飛機攻擊的風險

在地上的人們如果遭遇飛機攻擊時，風險較高的方式包含轟炸機的襲擊，或是戰鬥轟炸機投擲飛彈攻擊。另外也有可能以機關槍或機砲，採取機槍掃射的攻擊方式。

萬一遭到機關槍或機砲掃射，那麼地上的人們絕對是無一倖免。二次世界大戰時，美方軍機就曾對日軍與一般人民採取多次的機槍掃射攻擊，造成極大的傷亡。然而，使用昂貴的飛機與彈藥攻擊少數民眾的成本效益不高，目前較少看見這類攻擊法。但如果是對車輛的攻擊可要另當別論，車輛移動時有可能被誤認為戰車，因此遭到對地戰鬥轟炸機機槍掃射的風險就很高。如果空中有敵機飛行時，絕對要避免開車行動。

另外，戰鬥直升機也非常有可能對人發動攻擊，一旦被盯上，根本是必死無疑。飛機上備有紅外線探測器，完全無法躲藏，還能從數公里的遠處空中射擊，讓人毫無時間反應。如果是被二〇公釐或三〇公釐大口徑的鏈砲掃射，那麼包含我們自身在內，周圍一帶將會在數秒之間炸成粉碎，變成一片荒野。

車輛很容易被飛機盯上

對攻擊直升機與戰鬥機而言，即便是普通車輛，只要行駛於作戰區域，就會被視為攻擊目標。空中有敵機飛行時，絕對要避免開車行動。

遭戰車攻擊的風險

戰車上最具代表性的砲彈大小約莫為一二〇公釐，威力驚人到只需一枚，就能把小房屋炸到粉碎。彈頭種類亦是多樣，有些能穿過牆壁後再爆炸，也有可能搭載了衰變鈾彈。衰變鈾不只能提升穿透裝甲的能力，還會釋放放射性物質，就算經過許久也會對附近區域帶來健康危害。

順帶一提，現代的戰車都備有夜視及紅外線裝置，所以從內部就能清楚掌握四周情況。以前的電影雖然都會出現悄悄接近不被窺探窗裡的敵軍發現，接著引爆手榴彈的橋段，不過現在已經不可能那麼做。

戰車的主砲基本上不會用來直接攻擊人，但登場的殺傷武器可能會是五〇口徑或七．六二公釐的機關槍。搭載五〇口徑的槍械威力十分驚人，不只是戰車，只要看見任何裝有五〇口徑機關槍的車輛都必須非常小心。有時也會出現在裝甲車或吉普車上，最好的對策將是千萬別被這些車輛發現。

另外，中東地區甚至有能像推土機一樣，直接將整棟房屋剷倒的車輛。這雖然不是透過槍械或炸彈攻擊，但對於遭攻擊的一方而言，同樣是相當可怕的車輛。

戰車主砲的破壞力令人恐懼

萬一被戰車的粗口徑主砲擊中，就算人在建物內也會有危險。一旦知道被瞄準時，就要立刻逃離現場。

遭艦艇攻擊的風險

如果遭遇來自軍艦的攻擊，那麼對方使用的武器會是飛彈。這種飛彈是美軍於波灣戰爭投入後而開始提升知名度，能夠透過火箭引擎水平飛行，形狀如戰斧般的巡弋飛彈。巡弋飛彈能從艦船、潛艇或是飛機發射，一旦發射，就會自己飛至事先設定好的目標位置。命中精度極高，攻擊目標基本上會是重要的軍事設施。巡弋飛彈瞄準的目標往往為設施或設備，基本上不會直接攻擊人，因此唯一的保命方法就是遠離可能會被攻擊的設施。

另外，搭載巨大砲塔的戰艦，也有可能朝地上目標發動艦砲射擊。由於現在較少這類戰艦，相對地艦砲射擊的攻擊方式也變得比較少，但敵軍還是有可能以艦砲射擊展開地上攻擊，以便支援步兵的登陸行動。

不只是支援登陸行動，以波灣戰爭為例，美軍的密蘇里號及威斯康辛號戰艦，就曾對伊拉克軍隊發射總計超過萬枚以上的十六吋砲彈。這樣的艦砲射擊帶有比較強烈的威嚇意義，所以十六吋，也就是四〇公分以上的砲擊威力會對敵兵心中植入莫大的恐懼。

橡皮艇較能躲過雷達偵測……

我們仍有機會自己乘船逃跑。不過使用一般的船會被雷達偵測到，改用較有機會躲過雷達的橡皮艇會更合適。

遭陷阱攻擊的風險

由於國際公約規定禁止使用，反步兵地雷因而成了產量逐漸減少的武器，但是一顆地雷的成本只要幾百元，且容易製作，因此目前依然看得見反步兵地雷的蹤跡。這個武器的可怕之處，就在於不會選擇攻擊對象，而且只要未引爆，就能持續長久保存下去。

鋪設地雷的目的是為了不讓人進入，或是不讓人離開某個區域。將整片區域鋪滿地雷的方法既簡單，成本又低廉，甚至能沿著國境作為防衛線運用。與炸彈相比，一顆地雷的破壞力其實並沒有比較大，不過要找出鋪埋的地雷非常有難度，是能夠令人內心感到極度恐懼的武器。

近期，炸彈陷阱攻擊的威脅不斷增加。敵人有時會將炸彈放置於路旁石塊下、安裝於車中，或是擺在路旁的動物屍體下，當人經過時，再以遠端遙控引爆。因此，在路旁發現可疑物時絕對不能靠近，並繞路通過，才能預防這類攻擊。

反步兵地雷
不會刻意使人致死

比起直接致死，讓人受傷才能削減兵力，並帶來精神上的恐懼。反步兵地雷就是具備這種刻意不讓人致死的殺傷力。

遭一般步兵攻擊的風險

現代戰爭以市街戰為主，不會再有過去數千、數萬名步兵在戰線上相互廝殺的大型對戰情境。然而，步兵依然是今日軍隊不可或缺的重要存在。

一旦進入戰爭狀態，當然就有可能遭到敵國步兵的攻擊。就算我們表明自己是一般民眾，並沒有參與作戰，還是可有能遭到無差別式攻擊。對方說不定很認真考慮要殺害你我，也有可能只是抱著戲弄的心情發動攻擊。

另外，任何物品都有可能被當成攻擊的武器。使用槍械攻擊的情況當然居多，但如果對方知道你我沒有武器，只是想要給點教訓的話，那麼就有可能使用警棍，刀子也會是選項之一。

不想被士兵攻擊的話，當然就要盡可能地遠離士兵，對方基本上不可能落單，我們在沒有槍械等武器防身的前提下，根本沒有勝算。既然如此，最好的方法就是不要處在會被敵軍攻擊的距離範圍。

步兵也是人，一樣百百種

步兵其實也有各種不同性格的人，就算知道你我不過是一般民眾，有些步兵會抱著好玩的心情攻擊，有些則會做出殘虐行為，完全見怪不怪，所以我們能做的就是與步兵保持距離。

一般步兵的主要武器

一般步兵主要會配備的武器，是一種名為突擊步槍的槍械，簡單來說，它就是能夠連續射擊的自動步槍。世界上已經開發出許多機種，其中較知名的包含了蘇聯的AK-47與AK-74、美國的M16與M4卡賓槍、德國的HK416及HKG36、英國的L85等。

不同機種當然會有表現上的差異，但基本上有效射程都能有相當距離，只要是受過必要訓練之人瞄準靜止狀態的目標，一百公尺範圍一定是百分百命中，而兩百公尺範圍則能幾乎命中，三百公尺基本上也能擊中，命中精度表現極佳。

突擊步槍

步兵主要的武器為突擊步槍

步兵的主要武器為突擊步槍，也可稱為突擊槍或自動步槍。只要扣下一次扳機就能連續射擊或數發點放。

突擊步槍可填裝的子彈數大約是三十顆，以全自動模式扣下扳機後，不用三秒鐘就能清空彈匣。一般會設定每次射擊三顆子彈的三發點放，就算設定全自動模式，也會分三次或四次射擊。無論目標物距離遙遠或是僅數公尺之遙都能使用，也讓突擊步槍被譽為整體表現極佳的武器。

除了突擊步槍，部分軍隊也會配備手槍。過去手槍採轉輪式設計，現在則幾乎都是自動手槍。不過，命中率高低完全取決於持槍人的槍法，能射中遠在二十五公尺外的人就稱得上是高手；如果是技術生疏的人，哪怕是五公尺的距離可能也無法射中，這也讓手槍的命中率比想像中還要低。說到較具代表性的手槍，

霰彈槍

近距離的破壞力驚人

一次就能發射多發子彈的霰彈槍在近距離能發揮驚人威力。準備攻堅室內時，會先用單發的大型重擊彈（slug shot）破壞門片鉸鏈。

針對遠距目標時使用狙擊槍瞄準

狙擊手會躲在難以被看見的位置瞄準、射擊目標，這樣的方式也會增加人們內心的恐懼。

包含了美製M1911、義大利的貝瑞塔M92系列、奧地利的格洛克18、德國西格&紹爾公司的P226等。由於手槍的命中率較低，射程也短，所以往往被視為備用武器，但怎麼樣都會比只有一把突擊步槍來得安心。

另外，有些步兵還會裝備機關槍或狙擊槍。

機關槍是指能夠快速連續發射的槍械，英文又稱為machine gun。突擊步槍的彈匣空了就會射擊停止，但是機關槍可以彈鏈方式補充子彈，進行連續發射攻擊。

一般來說，機關槍射擊時會由補給彈藥者與射手兩人相互搭配，並以彈幕射擊方式做全面性壓制，而非瞄準固定一點。不過，連續射擊會讓槍管變燙，影響射擊表現，所以途中必須

機關槍

可全面壓制敵方的機關槍

機關槍基本上不用更換彈匣，能夠連續發射子彈，所以破壞力相當驚人。主要會針對大範圍進行彈幕射擊，藉此壓制對方。

更換槍管。順帶一提，不只是機關槍，所有槍械退出的彈殼溫度都非常高，萬一滑入衣服中還有可能導致燙傷。

狙擊槍是指狙擊手所配備的步槍，英文稱作sniper rifle，一般會搭載高倍率的瞄準鏡。根據紀錄顯示，曾經有人以狙擊槍命中二公里以外的目標物，但這麼長的射擊距離其實會受風吹、溼度等環境因素影響，想要精準命中可說是極為困難。

狙擊槍的狙擊範圍基本上並不會超過八百公尺，卻也是相當長的距離。較知名的狙擊槍機種包含了美國雷明頓公司的700型、德國HK的PSG-1、英國的AWM300、巴雷特生產的M82等。

火箭炮

步兵可攜帶行動的火箭砲

現代已開發出許多攜帶方便的迫擊砲和反裝甲火箭彈，讓步兵便於攜帶這些破壞力強大的武器行動。

如果是近距離戰，那麼較常使用到的槍械是霰彈槍。一次能夠發射多枚小霰彈的大口徑霰彈槍，雖然不適合遠距射擊，但近距離使用的威力卻相當驚人，可以在市街戰、叢林戰、室內戰發揮效果。針對建築物展開攻堅時，領頭者通常會先用霰彈槍破壞門片鉸鏈後，再指揮部隊入內。士兵還會配備反裝甲火箭RPG、手榴彈等武器。

相信不少人都會有印象，電影中經常出現反裝甲火箭彈RPG——沒錯，就是士兵扛在肩上，火箭彈會咻地發射出去的武器。RPG的初始速度很慢，能清楚看到火箭彈緩緩飛來。士兵之間還會開玩笑地說，這麼慢的速度都可以用球棒把飛來的火箭彈打回去。

手榴彈

用手投擲的小型炸彈

手榴彈爆炸時，碎片可四散至周圍數公尺～數十公尺，並對範圍內的人造成傷害。攻擊方法簡單，只需要用手投擲，卻擁有極大殺傷力。

另外，常見的武器還有手榴彈。只要拔掉拉環，朝敵軍方向擲去，經過數秒鐘後彈藥就會爆炸。現代一般的步兵，基本上都會備有兩到三顆的手榴彈。

其他裝備

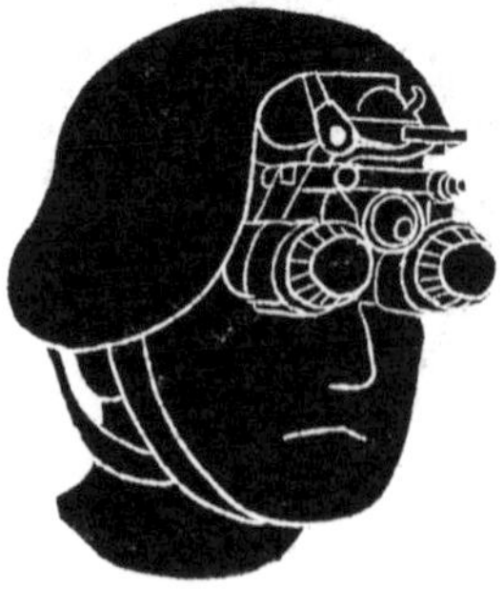

夜視裝置

夜視裝置讓人無法輕忽，但實際上裝配的軍隊卻又不少。執行夜間任務時，一定要假設對方備有夜視裝置的前提下行動。

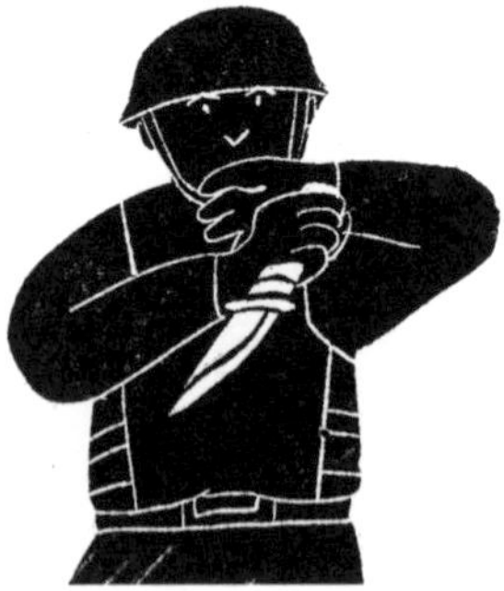

刀械類

如果是一般步兵，刀子會較常用於各項作業上，反而不太會用來作戰。當然也有士兵會配備殺傷力強、用途多元的戰斧。

除了槍械類，士兵還會裝備其他武器。

首先要介紹的是刀子。刀類不僅能用於肉搏戰，在生活中也很有用，所以許多士兵往往會隨身配戴。一般的士兵會攜帶一把刀子，但如果是執行祕密任務，負責潛入對手陣營深處，神不知鬼不覺地殺害敵兵的特殊部隊，可能就會攜帶至少三把刀子。

其中一把是殺人專用，比起堅固與否，更需要講究攜帶方便性與銳利度。接著是尺寸稍大，可進行各種作業的刀子。另外還需要一把尺寸較小的折疊刀，用來進行更細微的作業。

萬一敵人備有夜視裝置，將會使作戰行動變得很棘手。這個裝置能在黑暗中將微光增幅，

軍犬

擁有敏銳的嗅覺及聽覺，同時也非常忠心耿耿的犬隻，常作為軍犬活躍於世界各國。軍犬雖然主要負責戒備與搜索任務，但是也有接受過殺人訓練的軍犬，光是吠叫聲就會讓人感到恐懼。

使人眼看見周遭環境，有時會穿戴在士兵頭盔上，槍械也能夠加裝有夜視功能的瞄準鏡。

如果是能夠探測人體發熱或紅外線成像的熱影像儀，那麼就算躲在樹木等遮蔽物後方，也會被敵人看得一清二楚。一旦你我處於伸手不見五指的黑暗環境，但對方卻看得見我們的話，將會處在非常不利的情況下。不過在做任何行動前，都要假設敵方備有這類夜視裝置。

另外，雖然不知道是否該歸類為武器，但各位也要非常小心軍犬。曾受過攻擊人類訓練的犬隻不會立刻跳躍奔來，而是會抓緊時機衝上前，接著撕爛目標對象的身體。萬一被數隻軍犬包圍，將不會留下任何逃跑的機會。

槍枝的基本知識

世界上任何一場戰爭，一定都能見到槍枝的蹤影。雖然許多國家禁止一般百姓持有槍枝，但萬一戰爭開打，敵軍離我們不遠時，相關法規或許也會隨之修正。所以建議各位記住槍枝的基本知識，以防不時之需。

針對槍枝的分類，其實並沒有明確的定義或界定，所以沒辦法具體說出哪一種定義與說明才是正確的，不過大致上可以分為手槍、步槍、衝鋒槍、機關槍與霰彈槍。

手槍算是槍械類武器當中，尺寸最小的分類。步槍則是突擊步槍與狙擊槍等槍械的總稱。機關槍則是指能夠連續發射子彈的槍類，同時也是能以彈幕射擊方式壓制周邊附近區域的武器。衝鋒槍雖然算是能夠手持進行攻擊的小型機關槍，但是射程與火力表現都不足以全面性壓制，因此使用方法與機關槍差異甚大。另外，還有發射一枚子彈時，裡頭填裝有數枚小子彈的霰彈槍，能夠在近距離作戰中發揮威力。

槍枝的分類

- 槍（Gun）
  - 手槍（Hand Gun/Pistol）
    - 自動手槍（Auto Pistol）
    - 轉輪手槍（Revolver）
  - 步槍（Rifle）
    - 突擊步槍（Assault Rifle）
      - 突擊步槍（Assault Rifle）
      - 卡賓槍（Carbine）
      - 戰鬥步槍（Battle Rifle）
    - 狙擊槍（Sniper Rifle）
      - 狙擊槍（Sniper Rifle）
      - 反物資步槍（Anti-Materiel Rifle）
      - 射手步槍（Marksman Rifle）
  - 衝鋒槍（SubMachine gun）
    - 衝鋒槍（SubMachine gun）
    - 自動手槍（Machine Pistol）
    - 個人防衛武器（Personal Defence Weapon）
  - 機關槍（Machine Gun）
    - 輕機槍（Light Machine gun）
    - 通用機槍（General Purpose Machine gun）
    - 重機槍（Heavy Machine gun）
  - 霰彈槍（Shotgun）

突擊步槍雖然也有全自動發射的模式，但是並不歸類為機關槍。衝鋒槍英文的submachine gun與機關槍的machine gun很相似，不過兩者使用上差異甚大，所以一般會將兩者區分開來。話雖如此，各位其實也不需要記住分類的細節。

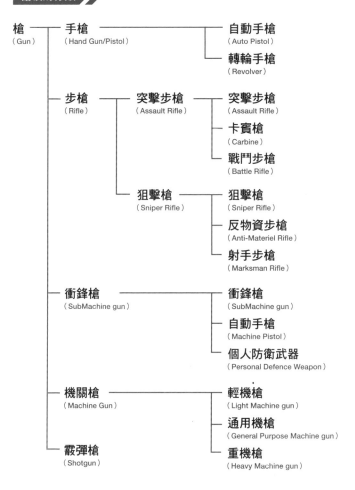

半自動手槍

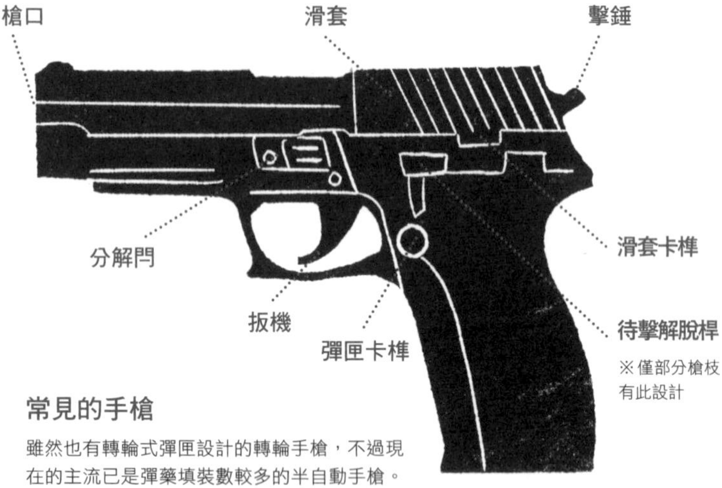

常見的手槍

雖然也有轉輪式彈匣設計的轉輪手槍，不過現在的主流已是彈藥填裝數較多的半自動手槍。只須更換彈匣，就能迅速重新填裝彈藥。

單排式彈匣

子彈成一排縱向重疊排列的彈匣。裝彈量雖然少，但是優點在於槍枝的握把較薄，握槍時感覺會更加貼合。

雙排式彈匣

子彈交錯排列成兩排的彈匣設計，寬度較寬，能填裝更多的彈藥。

手槍子彈的填裝數

半自動手槍的裝彈量落在7～19發左右，數量會依放置子彈的彈匣設計而有所差異，目前主要都是使用輕量且高速的9mm子彈。

突擊步槍

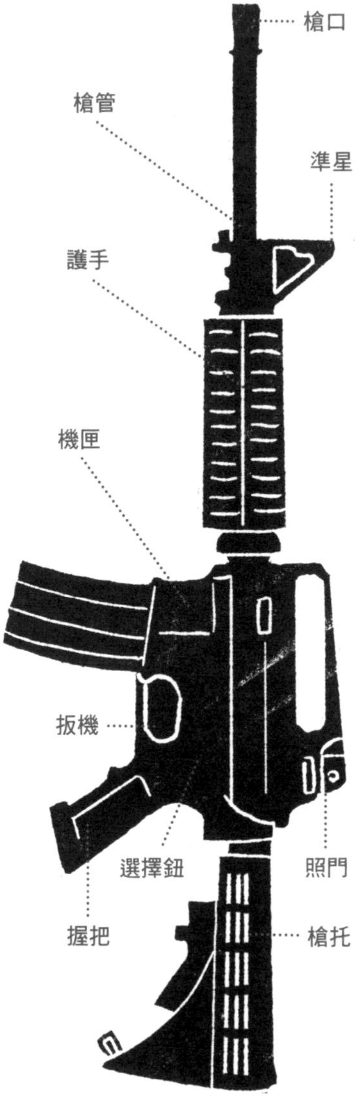

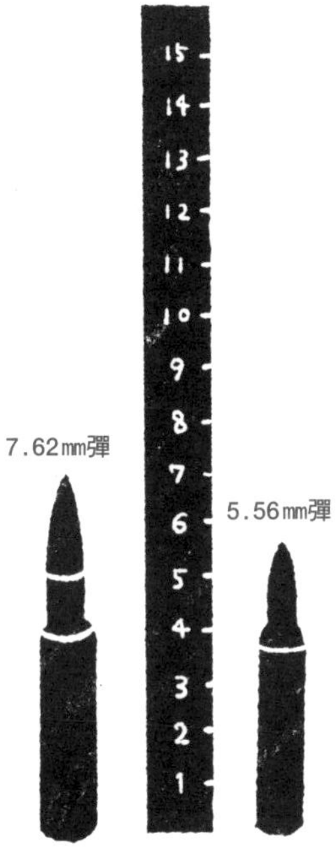

常見的子彈口徑

子彈尺寸種類豐富，突擊步槍最常見的尺寸為5.56㎜與7.62㎜彈，兩者各有優缺點。

一般常見的突擊步槍

以單手握住握把，另一手抵住護手即可射擊。可透過選擇鈕切換成無法出彈、單發半自動與連發全自動模式。

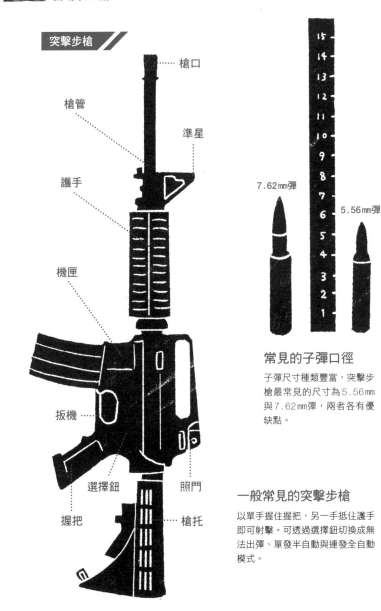

槍枝的安全使用方法

先一步掌握，以備不時之需

使用槍枝時，最重要的就是避免發生誤射或是走火等意外事故，當中絕對要遵守的最重要原則，就是槍口只能朝向目標物。各位或許會覺得這句話理所當然，不過，真的有些第一次拿槍的人會因為新奇而瞄著槍口猛瞧，或是覺得好玩把槍口朝向他人。各位一定要記住，槍隨時都有可能發射，即便裡頭沒有子彈，也千萬不可養成把槍口指向非目標物的壞習慣。

還有一點也很重要，就是必須等到要射擊的時候，才能將手指扣住扳機。我們經常聽聞被某些聲響驚嚇到，或是絆到摔倒後不慎開槍的意外。手槍射擊時，要先確認彈匣內有無子彈，再確實地將子彈壓入填裝。將滑套後拉，第一發子彈就會送入槍膛內，這時只要扣下板機，子彈即可射出。射擊後，彈殼退出的同時又會自動將下一發子彈送入槍膛，所以從第二次的射擊開始就不需要再拉滑套。發射完彈匣內所有的子彈時，滑套會維持後定狀態，接著就可再次填裝彈匣。

確認事項

有無安全裝置

每款槍枝配備的安全裝置不盡相同，但現在很多手槍都沒有安全裝置鈕。如果有的話，攜帶時記得轉為ON。

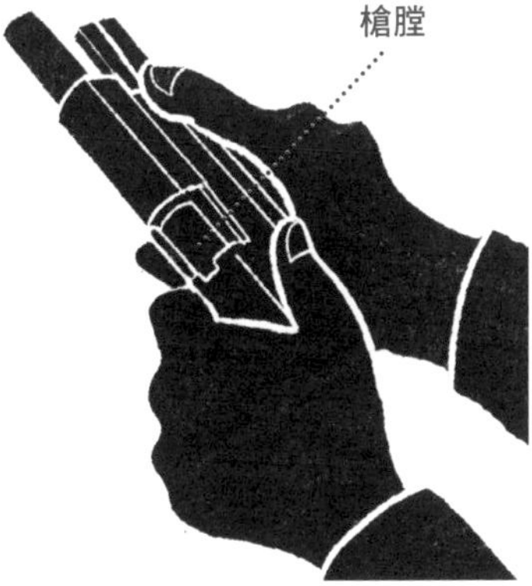

槍膛內有無子彈

稍微拉開滑套，確認槍膛內有無子彈。若沒有子彈就代表是安全的，但還是要記住不要將槍口朝向自己。

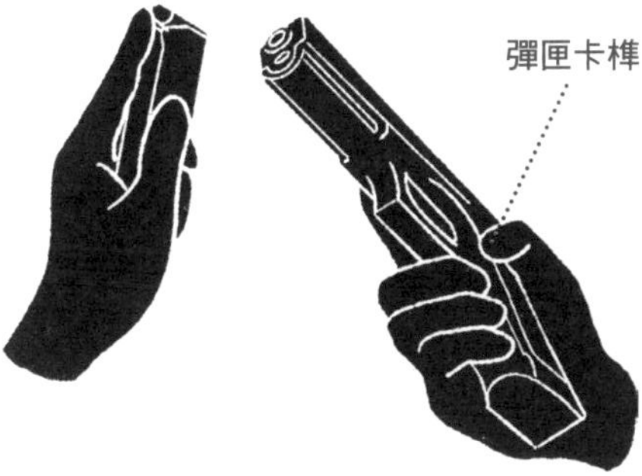

彈匣內有無子彈

按著彈匣卡榫，抽出彈匣，確認彈匣內有無子彈。可能需要射擊的話，就將子彈繼續留在彈匣中。

換彈方法

將子彈填入彈匣

子彈一發發地填入彈匣。利用手指持續壓住彈匣最上方的子彈，並填入下一發子彈。突擊步槍則是把子彈從上方直接壓入即可。

插入彈匣

用手掌輕敲的方式，將彈匣確實壓入握把內。沒有確實壓入的話，用槍時彈匣可能會不慎滑出。

上膛～裝填

這種上膛法又稱為彈弓式。真槍的彈簧很硬，要握緊才有辦法後拉。滑套拉到底就要完全放開，不能再用手輔助將滑套推回。

握持方法

以虎口抵住握把

不要學電影或是影集裡單手射擊的姿勢。用拇指與食指擺出V字，完全貼合握把並緊握，留意手指不可靠著扳機。

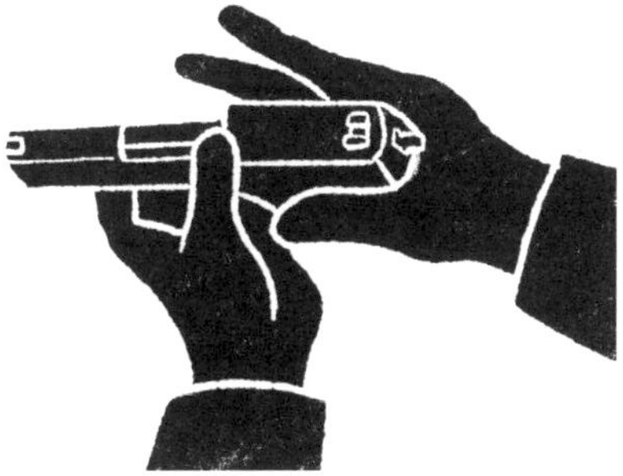

持槍的手
要盡量靠往身體中線

用左手托住握槍的右手，以左右兩側夾緊的方式固定槍枝。左手拇指朝著前方並指向目標方向。

手臂不要完全打直

槍枝握於身體中間。手臂完全打直的話，射擊時會對手肘造成衝擊，所以要微彎保留些許活動空間。以身體承受射擊時的後座力，不能只單靠手臂。

開槍方法

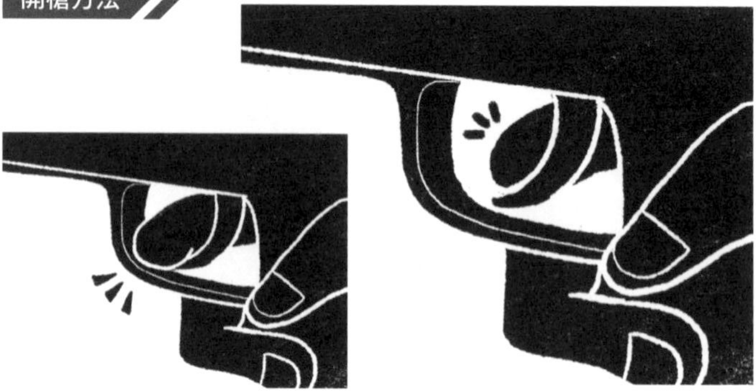

手指不要完全扣入板機

開槍時，如果手指完全扣入板機，那麼槍枝很容易偏移，影響命中率。只須用第一指節之前的指尖輕扣即可。

以槍枝不被搶走為前提，近距離瞄準

要保持對方不會突然衝過來搶走槍枝的距離。只要對方接近，便要立刻開槍。一旦手裡握槍，就要做好開槍的覺悟。

瞄準目標為身體最大面積的部位

如果想要確實擊中目標，不要瞄準頭部或四肢，而是要對準大面積部位，也就是軀幹。不過若是想讓對方倒下的話，直接射頭最快。

安全的攜帶方法

擊錘復位

能安全攜帶槍枝，卻又可以立刻開槍的方法，就是槍膛填彈，讓擊錘維持扣下狀態。不過，手動復位擊錘的話，槍枝很容易走火，所以西格等業者的產品還設計了能讓擊錘安全復位的待擊解脫桿。

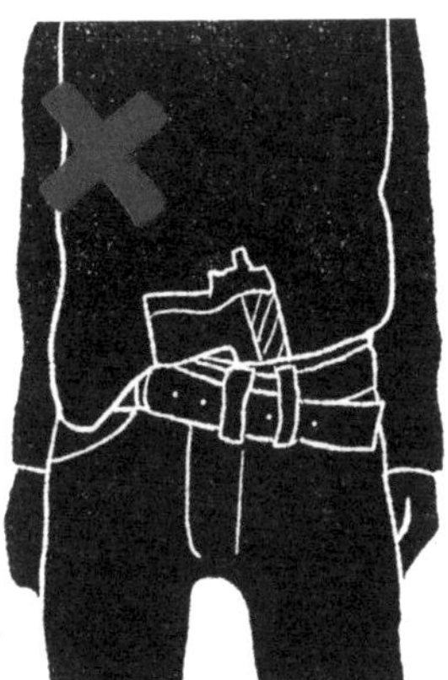

插在褲頭的帶槍法風險頗高

攜帶槍枝時，如果隨興把槍插在褲頭處，那麼取出時很有可能卡住導致誤射。插在褲子後方也一樣危險，必須非常留意。

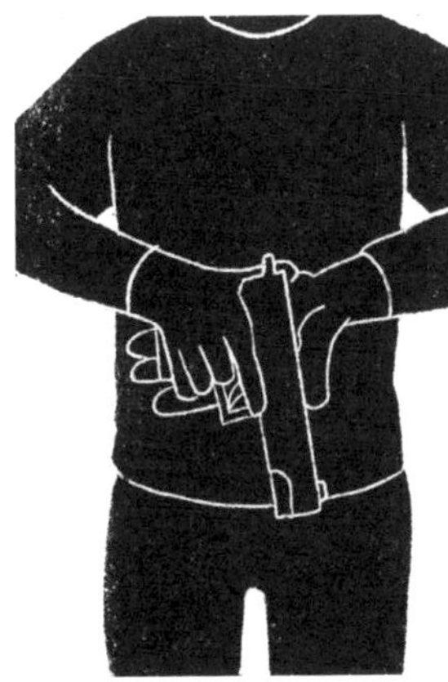

確保隨時都能開槍的行動原則

處於警戒狀態下行動時，可將握槍的右手置於身體前方，並以左手支撐，兩手手肘彎曲，就能做好準備，隨時開槍射擊。

槍枝不可離開身體

握持突擊步槍時，槍托一旦離開身體，就無法穩住步槍，而射擊伴隨的反作用力也會嚴重影響結果。無法控制步槍將帶來非常大的危險。

身體抵住槍托

把槍托穩穩抵在胸前肌肉上就能穩住步槍，這樣也更容易吸收反作用力。也有人會將槍托抵在胸口，讓槍枝處於身體的正中央。

用槍時較常出現的失誤

- 有些人為了吸收衝擊力，會在開槍的瞬間自行舉起或下壓槍枝，但這樣反而容易造成槍枝作動不良。要靠身體，而不是靠手吸收開槍時的衝擊力。
- 有時會出現空彈殼無法順利退出、卡在滑套的情況，讓人緊張到想要一直扣板機，不過這麼做反而會讓下一發彈殼也無法退出。一旦卡住時，只要後拉滑套，讓彈殼掉出即可。
- 現代的槍枝就算稍微沾溼，也還不至於無法發射。但如果因為下雨而長時間處於淋溼的話，就有可能因為生鏽導致射擊不順，所以必須確保水分有確實擦乾。

用槍的四大原則

1.槍隨時都有可能發射

用槍時，必須謹記槍隨時都有可能發射。就算彈匣沒有子彈，槍膛內或許還有餘彈，甚至也有發生過扣下板機的誤射事件。

2.槍口只能朝向目標物

無論槍枝處於怎麼樣的狀態，都要注意絕不可將槍口指向目標以外的對象。如果認為裡頭沒子彈，不會發生任何意外，那麼在能發射的狀態下也不會留神要避免拿槍亂指他人。職業軍人就算手拿模型槍，也絕對不會將槍口指著他人。

3.射擊時，手指才能扣住扳機

在還沒開槍前，手指必須伸直貼著扳機護弓外。如果將手指伸入扳機護弓，可能會因為絆到摔倒或受到驚嚇而不慎扣下板機，這些都是曾實際發生過的意外。

4.留意目標物後方

要先確認目標後方有沒有不希望射中的人事物，以防子彈沒打中原本的目標而穿越擊中後方。

子彈的使用種類

如果要討論槍械使用的子彈，其實箇中知識還蠻複雜的。因為槍械種類為數眾多，更是世界發明已久的道具，光是尺寸大小與種類就多到數不清，每個國家的標示方法也不盡相同。

子彈的基本構造差異不大，可約略區分為彈頭、彈殼與雷管等零件。其中，彈頭是指子彈實際從槍枝發射時會飛出的部分，即便使用同一支槍，不同的彈殼材質與形狀也會改變對目標物造成的殺傷力和貫穿程度。

較常見的軍用子彈，是前端呈尖錐狀的全金屬被甲彈，以銅包覆的鉛製彈頭能夠提升貫穿力。另外，還有彈頭形狀內凹，但命中人體後，前端會膨脹變形成香菇狀的中空彈（hollow point），以及外露出軟質鉛，命中時鉛彈頭會爆裂，可炸碎體內組織的達姆彈（dumdum），這些都是會對人體造成極大傷害的知名彈頭種類。達姆彈是非常殘忍的武器，雖然國際公法規定戰爭時禁止使用，但由於它威力強大、貫穿力較低，不易造成二次傷害，因此警界目前仍然廣泛使用。

彈殼填裝了能夠使子彈發射的火藥。有些子彈的彈殼會留在槍枝內，不會朝目標飛去，而自

子彈構造

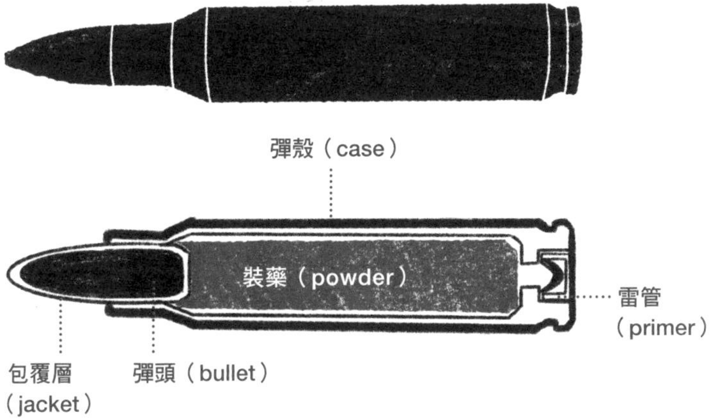

動手槍便會從拋殼口自行退殼。雷管位於子彈底部，負責點燃彈殼內的火藥。

子彈發射的原理是扣下板機，讓槍枝的撞針觸擊雷管，點燃火藥。位於彈殼內的發射用火藥一旦點燃就會產生爆炸，並藉由這股壓力使彈頭飛出。

至於子彈的尺寸，目前同時存在9公釐與點45，分別為十進位法與美規計量單位兩種不同的標示法。點45是0．45英吋，換算成十進位制大約為11．5公釐。另外，這裡所說的尺寸是指子彈的直徑，唯獨38口徑（0．38英吋）是指彈殼外形的尺寸。

子彈尺寸雖然繁多，但目前常見的槍枝種類不外乎就是那幾種。舉例來說，半自動手槍幾

子彈口徑

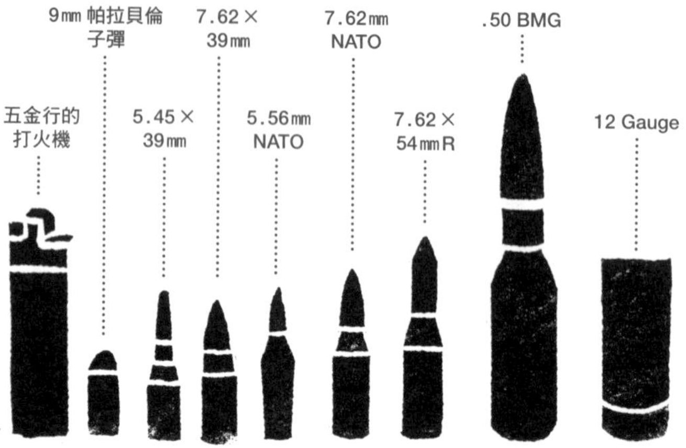

乎都是9公釐的帕拉貝倫（Parabellum）子彈，或是點45的ACP子彈。歐美製的突擊步槍多半使用5．56公釐NATO子彈，或是7．62公釐NATO子彈。蘇聯製槍械則會使用5．45公釐子彈，或同為7．62公釐但彈殼比NATO子彈短的39公釐規格。機關槍較常使用的是7．62公釐NATO子彈或12．7公釐NATO子彈。

順帶一提，前面提到的NATO子彈（亦稱北約彈），是指符合北大西洋公約組織軍隊所規範的子彈，尺寸分別為12．7×99公釐、7．62×51公釐、5．56×45公釐、9×19公釐。

然而，子彈並非愈大愈好。以突擊步槍使用的NATO子彈為例，比較5．56公釐與7．

NATO標準子彈之動能比較圖

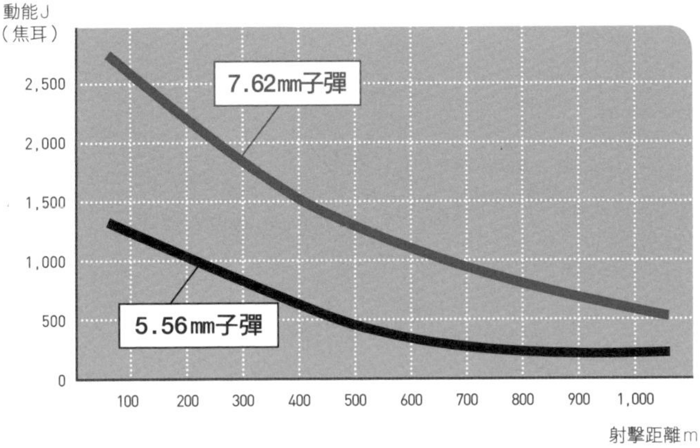

62公釐兩種子彈時，後者射程明顯較遠，火力也較為強大，光是子彈從旁掃過就會聽見極大的聲響，不過目前是以小尺寸的5．56公釐為主流。這是因為小子彈的重量輕，可攜帶量相對較多，反作用力也比較小，使用起來會更上手。此外，5．56公釐子彈還有飛速快、彈道平穩的優點，就算目標距離改變也能輕鬆瞄準。7．62公釐子彈的彈道拋物線角度很大，距離長短的差異也會增加瞄準時的困難度。

戰場行動學

遭遇槍擊事件時

當槍手使用突擊步槍時，射擊相距約兩百公尺距離的靜止人物時，那麼被擊中的風險其實很大。被擊方如果是第一次遇見這類場面，剛開始會完全不知道發生了什麼事；就算當下能判斷自己遭到槍擊，但槍聲會與周遭各種物品產生回聲，很難在一瞬間判斷子彈從哪裡射出，距離又是多遠。

這時該做的第一件事就是壓低身體。為了減少被子彈擊中的面積，一旦聽到槍聲，就要立刻趴下，千萬不要四處張望，試圖尋找子彈從何而來。

如果人槍擊現場附近，身體其實會承受比想像中更為強烈的衝擊。

只要是受過訓練的士兵，就算聽到車子回火發出的聲響，也會練就一身反射性趴地的技能。

實際上，我們無法在遭受槍擊時仍然維持冷靜。槍枝發射時，會產生一股彷彿要壓制周圍空氣的「壓力」。以點44的大口徑的麥格農（Magnum）子彈為例，子彈從輪轉式手槍射出後，從兩旁洩出的壓力大到就算距離一公尺遠也會感到搖頭晃腦。若是在槍枝擊出數十、數百發的情況下，可想見激烈的槍聲以及對人體帶來的壓力會有多麼驚人。

哪怕子彈只是從附近飛過，唰地劃開空氣的聲音同樣令人害怕。若是在夜晚，甚至能看見子彈飛來時的閃光，恐懼也會更加強烈。

當我們遭遇槍擊趴下身體時，腳要呈站立時

的狀態。因為猛然跳起後再趴下的話，可能會因不慎碰撞導致受傷。此外，趴下時要盡量壓低身體，雙手掩護頭部；為防腳跟立起，可將腳尖向外張開，壓低腳跟高度。總而言之，就是要讓自己盡可能地壓低身體、貼近地面。萬一真的被子彈擊中，雙腳張開的姿勢也比較有機會保住其中一腳。雙腳緊閉被擊中的機率確實較低，但卻會增加兩腳同時中彈的風險，各位只能自己決定要採取哪個姿勢。

身體趴地，順利逃過彈襲後，下一步就是要拉開與威脅的距離，也就是起身逃跑。要用突擊步槍瞄準距離三百公尺的目標物並不難，但如果目標物處於移動狀態，命中率就會明顯下降，所以千萬不要停下腳步。

如果對方鎖定某個地點攻擊，那麼逃跑要點就是往反方向盡速逃離。過去曾有人提倡之字形跑法，但我個人並不推薦，因為這種跑法的速度會比想像中更慢，槍手反而更容易瞄準；而且喘不過氣時速度還會變得更慢，甚至不小心絆倒摔跤。如果這樣還不被子彈擊中，那一定是槍手看到你滑稽的跑法笑到不行才無法瞄準。總之重點是盡速遠離射擊點，所以筆直逃跑即可。

逃跑時，也要尋找周圍有無躲藏處。混凝土厚牆、沙包都是不錯的遮蔽物。只要找到這類遮蔽物，就要趕緊躲藏入內保命。

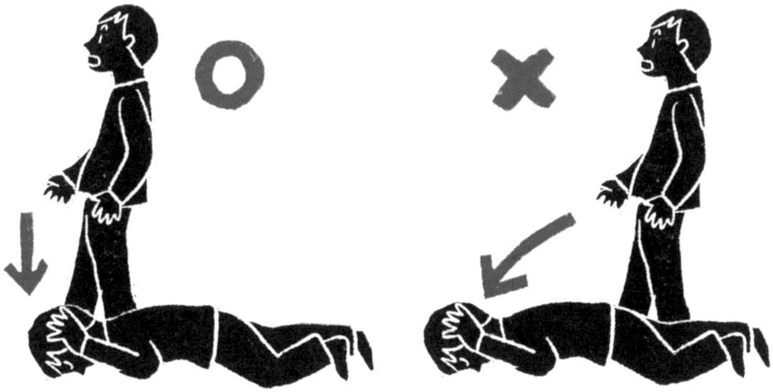

因應原則是立即趴下

遭遇槍擊時，只能立刻趴下並盡量壓低身體。但在行走時猛然往前或往兩旁趴倒的話，可能會不知道壓到什麼物品而受傷，所以一定要以雙腳往後，身體直直壓低的方式趴下。

然而，狙擊手還是有可能瞄準一般老百姓，因為射擊這樣的目標更有衝擊性，能夠讓人心生恐懼。如果被遠距離狙擊時，我們根本無法得知子彈從哪裡飛來，所以能做的還是立刻壓低身體，躲入身旁的遮蔽物內。

一旦巧遇敵兵，而且在有可能被攻擊的情況下，就該立刻逃跑，而不是趴下，因為對方在當下也會猶豫究竟要不要開槍，所以只能賭賭看了。

等四秒，決定下一步行動

遭受槍擊立刻俯身趴地後，如果很慌張地立刻起身，可能就會成為槍械自動掃射時的攻擊目標。所以趴地後要等待四秒鐘，或至少等個三秒，再決定下一步要怎麼做。如果是填裝三十發子彈的突擊步槍，扣著板機自動掃射時，每秒可發射十到十二發子彈，因此不用三秒就能結束射擊。不過槍手不太會選擇這種方式攻擊，一般會分三次或四次扣擊板機。如果對方手持機關槍，那麼每次應該會射擊六發子彈。

各位必須利用這四秒鐘掌握槍手的位置。槍手有可能已經離開原先開槍的地點，也有可能存在多名槍手。所以我們必須盡量冷靜，運用眼耳確認槍手在哪裡，同時尋找身邊有無能保命的遮蔽物，最後再判斷究竟要繼續趴在原地不動、躲入遮蔽物內，或是起身逃往遠處。

如果槍手很明顯地就是瞄準自己而來，那麼趴著不動反而會成為最佳目標物，所以必須立刻採取行動。盡可能迅速逃往距離槍手最遠的方向，並尋找遮蔽物躲藏。

可選擇的行動

1. RUN——逃離

可以的話，盡量拉開與槍手的距離會是最有效的方法。在等待的4秒鐘如果能掌握槍手位置，就要立刻朝反方向逃離。但槍手可能不只一位，所以還是要非常留意。

2. HIDE——躲藏

搜尋槍手所在位置的同時，也要找找身邊有無可藏身的地方。最好是躲在可擋子彈的混凝土厚牆或沙包後方，如果沒有的話，任何能藏身的遮蔽物皆可，如此才能降低被擊中的機率。

首先思考如何拉開距離

我們無法知道開槍的人是使用哪種射程的武器，所以必須先思考該如何遠離威脅。如果無法掌握槍手位置，可以觀察其他人的逃離方向，推測槍手可能的所在處。

躲避子彈的遮蔽物選擇

遮蔽物必須分成兩種類型，一種是能抵擋子彈，另一種則是雖然無法擋下子彈，卻能躲過槍手的視線。如果沒有搞清楚自己究竟是躲在哪種遮蔽物後面，一旦槍手開槍，就有可能被貫穿遮蔽物的子彈給擊中。

哪些材質能夠防彈，其實完全取決於射擊的距離與角度。就算同樣是頭盔，直直射擊的話子彈當然會貫穿，斜斜打中的話或許就會彈飛。甚至有人曾開玩笑地說，如果打中額頭的角度比較小，頂多就是子彈彈飛罷了，不至於死人。

不過，突擊步槍的破壞力驚人，掃射一般住家牆壁時還是能輕鬆貫穿。即便是混凝土磚塊或紅磚瓦擋牆，如果一直對著同個部分射擊，子彈還是會貫穿。真正能夠擋住子彈的遮蔽物，大概只有鋼筋混凝土厚牆或條柱、沙包，以及堅硬岩石。另外，子彈射擊某處後也可能彈飛，完全無法掌握子彈究竟會從哪飛來更是讓人覺得可怕。子彈在混凝土材質的屋內更是非常容易亂彈，甚至會在屋內來回彈射多次。俄羅斯製的子彈彈殼是以鐵打造而成，彈飛情況更是嚴重。

主要遮蔽物

樹木

如果是樹幹較粗的樹木，雖然能夠稍微抵擋子彈，被突擊步槍或機關槍連續射擊的話還是會碎裂開來。茂密的細枝或樹籬是非常有助於阻擋對方視線的遮蔽物，但無法抵擋子彈，所以躲在這類遮蔽物後方時，一定要把身體壓低。

一般住宅牆壁（內壁主要是石膏板）

木造屋牆、石膏板牆頂多就是紙箱等級的強度，所以就算在家也不能安心。家中的沙發、床鋪、桌子、洗衣機等家具類也無法擋子彈。附屬零件較多的冰箱、電腦，在某些射擊角度下或許還有機會彈飛子彈。

混凝土厚牆

防彈表現甚佳。如果有混凝土建築，躲藏其中可以說再適合不過。另外，沙包這類以前就有的物品同樣能夠擋住子彈，所以也常用來圍成軍用陣地。各位只需要前往居家修繕中心購買沙包填入沙土，感覺有危險時，不妨在家中製作沙包備用。

車輛

車輛的金屬零件雖然不少，但車門、車身等部分幾乎都會被子彈貫穿，能夠擋子彈的頂多就是車軸附近或引擎區域。如果要瞄準躲在車輛後方的目標物，也可以選擇射擊地面，讓子彈彈起擊中目標，所以躲在車子後方並不是非常好的方法。

防彈保護裝置

只要是士兵，都會身著防彈衣。每種保護裝置的防彈性能不盡相同，會依防彈表現區分不同等級，最新型的防彈衣多半使用陶瓷材質的防護板（trauma plate），其中還包含了重量輕盈的軟式防彈衣與片狀防彈衣等類型。

手榴彈
投擲而來時

手榴彈的使用方式很簡單，只要拔掉拉環，撥開握片，讓引信點火即可。約莫等個四秒鐘就會爆炸，不過天氣炎熱的夏天所需時間較短，而低溫冬天引爆的時間則會更長。

有些士兵會運用高超技巧，將手榴彈投向牆壁後回彈，藉此瞄準躲在暗處的目標對象。不過卻也有士兵會犯下感覺只會在漫畫裡才出現的失誤，譬如想要反手投擲，卻碰撞到槍套，導致手榴彈落在腳邊，或是投出後打到距離較近的牆壁，使得手榴彈又反彈回來。

手榴彈爆炸時會產生放射狀的氣浪與碎片，如果能相距爆炸點三公尺以上並採取趴姿，即可大幅減少受害程度。被投擲手榴彈時，一定要立刻大步跳離手榴彈並趴下，接著用手遮耳同時護住頭部，嘴巴張開，準備承受手榴彈的爆炸。張開嘴巴是為了釋放爆炸所產生的壓力，避免耳膜破裂或眼球突出。

不過，有些熟練的士兵在撥開握片後，會稍待片刻再投擲手榴彈。如此一來手榴彈就會在空中爆炸，碎片也會三百六十度四處噴飛，就算遠離趴下也很難倖免，而且被投擲方也來不及立刻撿起丟回。

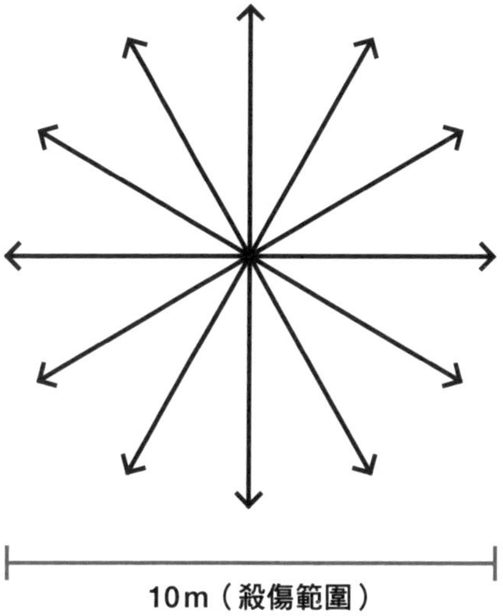

空中爆炸時

如果手榴彈是在空中爆炸，任誰都很難察覺到手榴彈的存在，再加上氣浪與碎片會四處飛散，就算趴在地上也無法倖免，所以有些士兵會稍待片刻後再投擲手榴彈。

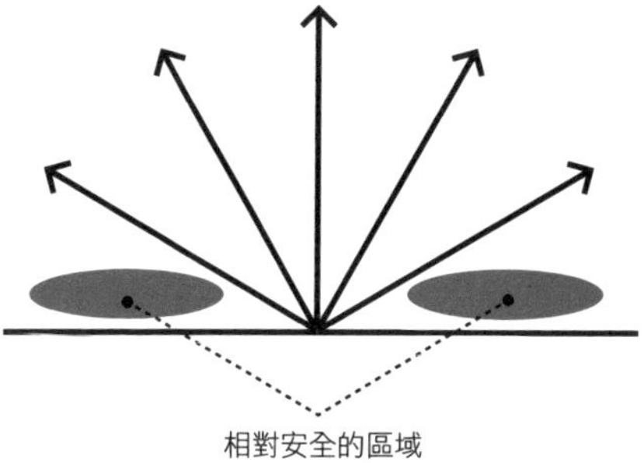

地面爆炸時

手榴彈爆炸時會呈放射狀飛散。如果是在地面爆炸，只要距離3公尺且趴在地上，就能減輕受害程度。手榴彈爆炸需要一點時間，各位甚至能丟回給對方。

戰場的心理建設

人們在戰時承受的壓力相當龐大。日以繼夜的空襲轟炸、槍擊聲、對未來的不安等等都會增加內心的負擔。尤其是人們因為疼痛或恐懼的哭嚎聲，以及屍體飄出的臭味，讓人想忘也忘不了，在心中烙下深深的傷痕。

平時這個世間還可以遵循道理而行，只要行為端正，基本上就不會無故遭到他人傷害。不過一旦進入戰爭狀態，所有的理所當然都將隨之崩解。明明沒做壞事卻會被攻擊，被剝奪自由，甚至失去身邊重要之人。如果各位無法接受這些毫無天理的事情，總有一天絕對會精神崩潰。

在戰場上探討戰爭這個毫無道理可言的行為究竟正確與否，其實一點意義也沒有。各位該做的事，就是讓自己與家人存活下來。

為了不讓自己內心潰堤，我們必須拋棄過去的常識與道理，重新做好在戰爭中存活下來的覺悟。人只要心中存有想要活下來的念頭，就會採取可讓自己活下來的行動。相反地，如果一心想死，那麼便只會做出尋死的行為。不過，這兩種心態都無法幫助你我在戰爭中存活下來。

為什麼士兵能夠不顧自己的生命危險，在戰場上英勇地行動呢？並不是因為他的求生意志強烈，也不是因為他覺得死了也無妨，其實所有的行動都只是為了達成任務。透過訓練找到不同的目標，才有辦法穩住自己的情緒。

對於平民老百姓的你我而言，或許也需要做這樣的心理建設。我們所背負的任務與軍事無關，各位只需要專心思考自己當下該做什麼，對於任務的結果不要抱有期待或後悔的情緒，這也是不讓戰場壓力打敗自己的方法。

每個人的任務或許不太一樣，如果有家人，那麼你的任務絕對就是保護家人了吧。只要一心想著守住家人，做自己認為該做的事即可。這也是在戰爭這個無理可言的情況中，不讓自我迷失的方法。

為了守護家族，
必須做好覺悟起身奮戰

如同前一篇章所述，戰爭就是一連串的不可理喻。人們會沒有任何理由地受傷、喪命，無關乎你是女人、小孩或是老人。飛彈與炸彈能朝任何人飛去，人類也會變得出乎想像的殘酷。只要回首人類歷史，就能理解我所言為何。各位必須深刻了解到，這些殘酷的遭遇都有可能發生在自己家人的身上。

萬一家人遭受傷害或是即將被殺害時，我們究竟該採取怎麼樣的行動？就算沒有他人救援，也要奮力抵抗犧牲生命？或是忍耐到能夠反擊的一刻來臨？過程中或許會出現各種不同的情境，也會因應採取不同的行動，而這當中都沒有所謂的對或錯。但無論如何，各位勢必要做好起身奮戰的覺悟。

將保護家人視為自己的優先任務，必要時更不惜傷害他人。人只要做好這樣的覺悟，一定能夠變得更加強大。重點並不在於想法正不正確、是否違背道德，各位只要以應該如何行動作為判斷的指標即可。

如何面對威脅家人安全的事物

萬一重要的家人面臨受傷、喪命的威脅時，我們究竟該怎麼做？起身奮戰也是選項之一。

就算要起身奮戰，也是有很多種方法。執行起來或許很有難度，不過各位至少還能自己拿起武器對抗敵人，當然也可以集結想法一致的夥伴相互協助。

各位應該很難想像不是士兵的自己竟然要投身奮戰，但是從過去的歷史來看，的確有不少平民手持武器，投入游擊戰等小規模戰爭。一旦自己的家人正遭受敵國士兵攻擊的威脅，再加上我方軍隊可能已失去作戰能力，那麼你我就真的必須起身奮力一搏了。

無論結果如何，最重要的當然還是事先的準備與計畫。為了迎接不得不戰之日的來臨，各位不妨認真思考有什麼是我們現在能做的。

戰場中的遷徙

移動工具的選擇

想要逃離敵軍，就必須面臨長距離的移動。這時究竟是以車輛移動比較好？還是步行較好？將取決於當下的情況才能做判斷。

以車輛移動最大的好處應該是較不費力，還能累積相當的距離。移動距離較長，或是身邊有年幼小孩、體力較差的年長者時，以車代步會更加合適。此外，車輛還能裝載行李，在轉移據點時也非常有幫助。

不過，車輛有一個非常致命的缺點，那就是容易成為被攻擊目標。尤其是敵機飛來時，實在很難躲過攻擊。

一旦可能遭受敵軍攻擊，或是必須通過敵軍占領的區域時，就要避免使用車輛。然而，選擇徒步的話，能移動的距離將大幅縮短。以人類步行的速度來計算，成年男性走在路面平坦的鋪設道路時，時速約為四～五公里，一天就算走八小時，頂多只能前進四十公里。但過程中還需要進食與休息，所以實際上只能走三十公里左右。以東京到大阪的五百公里為例，如果步行前往就必須花十七天。萬一行李較多，或者必須穿越山區，而且家人同行時，那麼步行速度一定會變得更慢。再者，被迫徒步移動時，就表示有可能遭遇攻擊，因此前進過程中必須隨時保持警戒，而戰時長距離的步行移動可是非常辛苦。

不過，這個方法卻有著最不容易被敵軍發現的優點。速度雖然很慢，卻不會發出聲響，也不會引人注目，被敵人發現時更容易躲藏。想要安全地在戰場上移動的話，步行將會是最明智的選擇。

身著方便活動、不醒目的服裝

長距離步行移動時，要身著好活動的服裝。還要避免顏色太鮮豔，才能不被敵軍發現。利用後背包裝行李絕對會更容易行走。

決定步行路徑

逃離敵軍或是不想讓別人察覺自己的存在時，選擇哪一條路徑相當重要。人類能夠行走的路徑類型非常多，並沒有所謂的必選路徑。

挑選能夠躲藏的路徑時，重點在於確保自己不被發現，以及行走時不會留下腳印，因此如何才能不引起敵人在視覺、聽覺與嗅覺上的注意就很重要，同時也必須考量移動的難易度。

舉例來說，最好行走的路徑應該是鋪設道路。走的時候甚至不會發出聲響，更不易留下腳印。然而，敵軍使用這類道路的風險卻也很高，再加上視野極佳，即便人在遠處也可能暴露行蹤。如果某條路徑遭遇敵軍的機率不是那麼高，就非常適合用來增加移動的距離。各位也可以選擇在夜間行動，被發現的機率將會變得更低。

每條路徑都有優缺點，只能視當下的情況判斷，選出最佳路徑。希望各位能參考左頁解說，選擇正確的求生路徑。

沙礫道路

顆粒較大的沙礫雖然不會留下腳印，行走時卻會發出聲響。一旦發出細微聲響，對方就有可能察覺到我們的存在，而我們卻沒有發現對方的存在。顆粒細小的沙地或泥地則是非常容易留下腳印。

鋪設道路

容易行走，較不會發出聲響，也不太會留下腳印等痕跡，但遭遇敵人的風險相對較高。鋪設道路的視野極佳，很容易被對方發現，所以要避免走在路中央。

草木茂密道路

只要是容易藏身、相當茂密的樹林，那麼就算敵人近距離通過，也有機會不被對方察覺。不過踩踏草類、植物莖枝斷裂時，反而會暴露自己走過的痕跡。

河邊

雖然會留下腳印，但流水聲能夠幫助我們不被對方發現，但我們卻也較難察覺對方的存在，所以要非常小心。只要多過幾次河，甚至能躲過軍犬的追捕。

迴避攻擊的最高準則

不想遭遇敵軍攻擊，最好的方法就是別讓對方發現自己的存在。方法其實很基本，那就是不要走在開放的場所。即便附近沒有敵人的蹤跡，對方還是有可能正在用望遠鏡或狙擊鏡觀察我們的一舉一動，所以一定要避免橫越視線良好的場所，走過大型十字路口時甚至很有可能被狙擊，因此要非常留意。如果非不得已必須通過時，就要一口氣奔跑快速穿越，或是沿著牆壁陰影通過，千千萬萬不可以大搖大擺地穿越正中央。

行動的時間區段也很重要。在大白天活動的敵兵人數當然比較多，視線也相對較好，我們行走期間時，光是碰觸搖晃到草堆就有可能被對方發現，因此步行在敵軍密集的區域時，一定要在晚上行動。話雖如此，敵人如果備有夜視裝置也會變得非常棘手，所以就算天色昏暗，也要壓低身體行動。這麼一來，就算對方備有夜視裝置，被發現的機率還是會比白天更低。

還有一點各位或許沒有發現，那就是現代人在走路時，鞋底會與地面摩擦發出明顯聲響，同時也較常穿著高跟鞋、皮鞋等容易發出聲響的鞋類。如果不想被別人察覺自己的存在，就要盡量穿著不會發出聲音的軟底鞋，走路時也要避免腳底拖地。雖然可以穿著運動鞋，但部分運動

迴避攻擊的最佳因應之道

各位其實也都很清楚，不被攻擊的最好方法就是別被敵人發現。是否具備相關知識將會大幅改變存活下來的機率。

鞋會裝飾確保交通安全用的反射材質，到了夜晚反而會更加醒目，同樣需要多加留意。

另外，衣服摩擦的聲音也會招來危險，所以穿著衣服的材質一樣很重要。棉質衣物就算活動也不會發出聲音，但尼龍等化學纖維材質的衣服可是會發出很大的聲響。其中最頭痛的就屬雨用防水外套，全都會發出沙沙聲。不過下雨時，保持身體乾燥還是比較舒適，各位可以穿上防水外套後，再套一件不會發出聲音的衣物。

另外，模糊的身體輪廓也是減少被發現機率的訣竅。我們的頭腦已經記住人的身形輪廓，所以在找人的時候，會下意識去搜尋有無印象中的輪廓。我們對於人會做的動作也有既定概念，只要跳脫這些輪廓或動作，對方就不會認為看到的是人。

具體來說，只要露出頭型、頭部到肩膀的線條、雙腿間的縫隙、腋下縫隙這些部位的話，就很容易從輪廓看出是人類，所以可以用頭巾蓋頭，站立時雙腳靠攏或夾緊腋下，不要露出縫隙。這樣的動作或許滑稽，但只要與對方有點距離，光是用身體不自然地模仿成彎曲枝木，就不會被察覺自己是人。

遮掩身體末端、腋下、鼠蹊等人類特有的輪廓

只要遮掩步行時雙腿間的縫隙、伸直的頸部與圓形頭部、雙手與軀幹間的縫隙、四肢形狀等，就能模糊人類才會有的特徵，也較不容易被發現（左圖灰色處）。也可以用布料等物品覆蓋這些輪廓（下圖）。

模糊身體輪廓確認轉角的方法

如果把頭從牆邊探出，頭部的圓形輪廓立刻就能看出是人。不妨用手臂虛掩頭部的輪廓，再慢慢從暗處探頭窺視。

偵察技巧

有些人具備偵察（scout）的特殊戰鬥技能。他們會組成小隊，深入敵軍陣營，執行偵察與監視行動，有時甚至會緊鄰敵軍數公尺之遙，在極近距離內完成任務。

偵察，原本是美洲印第安人等部分原住民具備的技能。其中包含了能夠融入周圍環境，完全看不出自己存在的「偽裝」、接近對方時能夠不被察覺的「潛行」、發現並掌握對方足跡的「追蹤」，以及在手邊沒有任何資源的情況下讓自己活下來的「求生」技巧。另外，偵察兵除了擅於槍械戰鬥，使用刀具或徒手的格鬥技術更是一流。只要被敵人發現自己的存在，就會迅速且安靜地處理掉對方。

與大自然融為一體，消除自己存在跡象的同時，擷取對方存在跡象的技能，可說是在戰場上存活下來的必要條件。我們或許無法立刻學會偵察技能，但只要記住有這些技巧，應該就能帶來不小的幫助。接下來要針對偵察技能向各位加以解說。

偵察技巧

偽裝（Camouflage）

人的外觀輪廓、發出的聲響與散發的氣味都會在自然環境中流露一絲違和感。透過臉妝與衣著，盡可能去除這些特徵，讓自己與周圍融合為一體的技術就是偽裝。

潛行（Stalking）

美國印第安的獵人會以不破壞大自然基線的方式，接近獵物且不被察覺。重點在於如何在行動時維持大自然的基線，並消除自己的存在跡象。

追蹤（Tracking）

尋找獵物留下的痕跡，並掌握其行蹤的技術。從一個腳印，就能知道獵物經過的時間，甚至能夠讀取到獵物在想什麼、接下來會怎麼行動。了解敵人，便是在戰場上是否能存活下來的重要環節。

求生（Survival）

一旦生活用具增加，就愈容易會被發現。相反地，完全仰賴自然資源的求生術就能減少存在的痕跡，因此結合隱密性的求生技巧將變得非常重要。

偽裝是一種讓自己融入周圍環境，使敵人完全感受不到存在的技巧。不只是外表，就連自己發出的聲音、散發的氣味都要與自然融為一體。具體來說會塗上臉妝或身著偽裝衣。

偽裝衣是刻意模糊身體輪廓，經上色加工過的戰鬥用服裝，搭配隱藏與行動（潛行）的技巧，就能讓自己完全地和大自然融為一體。

實際作戰時，行動一個禮拜前就不能碰酒精類、肉類、辛香料等會增加體味的食材，還要停止使用洗髮精、潤髮乳以及香水。作戰三天前，則要開始飲水並從事會流汗的運動，充分排出體內的代謝廢物。洗澡時不可使用肥皂，只能用冷水或熱水，當然也不能使用牙膏，因為這些都是不存在於自然環境的氣味，一旦使用就會影響大自然的基線。另外，還可以將具有除臭效果的黑炭磨碎，塗抹於會散發氣味的腋下和鼠蹊部的淋巴，徹底消除體味。

潛行

不只是臉部，鞋子在大自然環境中也會變得非常醒目。就算身體與臉部再怎麼融入自然，只要被看見鞋子就會立刻暴露出自己的位置。所以必須將靴子消光處理，接著塗上迷彩花紋。

潛行也就是偷偷靠近的技能，重點是要在行動時與自然融為一體，且不令對方察覺自己的存在，因此會與偽裝技術搭配運用。不破壞大自然的基線，就代表著行動時，不能暴露自己的形體、聲響及氣味，也可說是一種「動作」的偽裝。

潛行時的基本動作，又稱為偵察式走法（scout walk），必須極力壓低自己的姿勢及聲音，與自然同化，充分運用五感步行。偵察最重要的關鍵，在於自己被發現之前，就要能夠掌握對方的存在。

鎖定潛行接近的對象後，只要用比以往更緩慢的速度，搭配特殊的行動方式與走法，就能不發出任何聲響地偷偷靠近對方。

追蹤是美洲印第地安等原住民獵人用來追尋獵物的技能，只要學會這項技術，就能從對方留下的些微痕跡獲取令人驚訝的龐大資訊。

舉例來說，我們能夠從人的一個腳印得到許多資訊。如果是更精練的士兵，除了人數多寡外，還能從步伐長度判斷出體型，腳印深度推測裝備重量，甚至掌握經過的時間、是用走的還是跑的、步行時是否充滿戒心，透過這些資訊知道對方的慣用手或是身體的習慣動作。

不僅如此，甚至還能從腳印推測留下足跡的人心中在想什麼。如果是停下腳步再往左走，就表示對方可能在左邊發現了什麼。如果有當場趴下的痕跡，或許是因為發現了敵人。若是痕跡非常規律，則能推測對方行動時充滿戒心。如果有人沿途留下氣味，毫不在意腳步痕跡，碰上訓練有素的士兵一定是必死無疑。

求生

最後，還希望各位學會如何以最少的用具，在自然中存活下來的求生技巧。

人如果想在原始自然中存活下來，就要充分理解大自然的道理，同時知道該如何利用自然界的素材。不過換個想法，懂得這些道理後，豐富的大自然也會成為非常舒適的居身之所。

舉例來說，當我們在求生時，必須優先考量如何維持體溫，萬一沒有帳篷時，我們還可以利用樹枝或樹葉搭建成能夠遮風避雨的避難處。另外，將落葉塞入衣服中，或是躲在落葉堆中都能讓自己變得暖和。是否知道或懂得運用這些知識，都攸關著自己的生死。

此外，格鬥術也是確保自己能在戰場上存活下來的一種求生技能。我們都不喜歡打仗，但如果逼不得已必須起身奮戰時，就必須用最短的時間，在狹窄的範圍內，以不耗費體力的方式，安靜地解決掉對方。這時就必須學習如何徒手以及運用刀械的格鬥技能。

迅速察覺潛伏的危機

要能夠儘早知道衝著自己而來的威脅，這同樣是一種偵察技能。如果不能儘快察覺對方的「存在」，避免與敵人相遇的話，就無法在戰場上存活下來。感受對方的存在聽起來似乎有點超自然，不可能辦到，但只要透過訓練，就真的能夠具備這樣的能力。首先，最重要的是必須充分了解存在於自然界的基線。

基線其實就是沒有發生任何事，與平常一樣的狀態，因此我們必須先學會如何精準地感受這是一個什麼樣的狀態。各位可以試著在森林度過一整天，剛開始踏入森林時，鳥兒們一定會鳴叫飛起，獸類則是會在你我發現牠們的存在之前就先逃離。這時，你很明顯地就是破壞基線的存在。

不過，只要在森林裡找個地點休息安靜度過，不知不覺間鳥兒們就會回到自己的位置，開始發出沉穩的鳴叫聲，原本非常浮躁的動物們也會恢復平靜。這代表著你已經融入大自然，成為基線的一員。只要能夠沉穩地處於其中，就會察覺基線一天的時間裡其實也會有變化。動物及昆蟲睡醒後開始活動的早晨會有早晨的基線，活動量較少的白天則會有白天的基線；如果是夜行性動物，當然就會有夜間出來活動時的基線。這些基線甚至會隨著季節產生變化。只要能充分感受到森林中的基線細節，一旦基線起了變化，就能迅速察覺異狀。藉由與自然融合為一體的方式，來發現擾亂自然的「存在」（起伏變化）。

想要融入大自然，就必須穩住心情、放慢動作，有個方法就能幫助自己進入這樣的狀態。先想像寧靜的月夜，月光照亮內心，在腦海中描繪出平穩毫無波紋的水面。只要持續想像著平穩水面，就能進入與自然融合的狀態。萬一這灘池水出現波紋，就表示有某種存在或是自己本身擾亂了既有的基線。

只要內心處於平穩狀態超過二十分鐘，各位就能感受到風的變化，聽見樹木、鳥兒、蟲兒發出的聲音，這也代表著自己已經融入大自然當中。不過，當自己從寬闊的河岸進入岩石區，也就是身處的區域改變時，就必須讓自己重新融入環境。環境改變後，基線也會不同，如果疏忽這個步驟，自己就會變成最突兀的存在。

打開視野察覺危機

這裡要向各位介紹廣角視野法，讓各位能夠透過視覺，更輕鬆地掌握人事物的存在，以及當中暴露的違和感。這個方法並不是將目光聚焦在某個定點，而是以廣角方式，觀察視野所及的整個範圍。

平常我們都是使用將目光聚集在某個定點上的狹窄視野法（tunnel vision）觀察人事物。改用廣角視野法後，目光所能觸及的範圍會變得更廣，也就更容易觀察到狀況的變化。

動物多半是使用廣角視野，在決定攻擊目標後，則會切換成狹窄視野。所以我們也必須像動物一樣，熟練地切換兩種視野法。

不會聚焦某個定點的廣角視野法，與聽覺相互搭配後，會更容易察覺四周的變化。

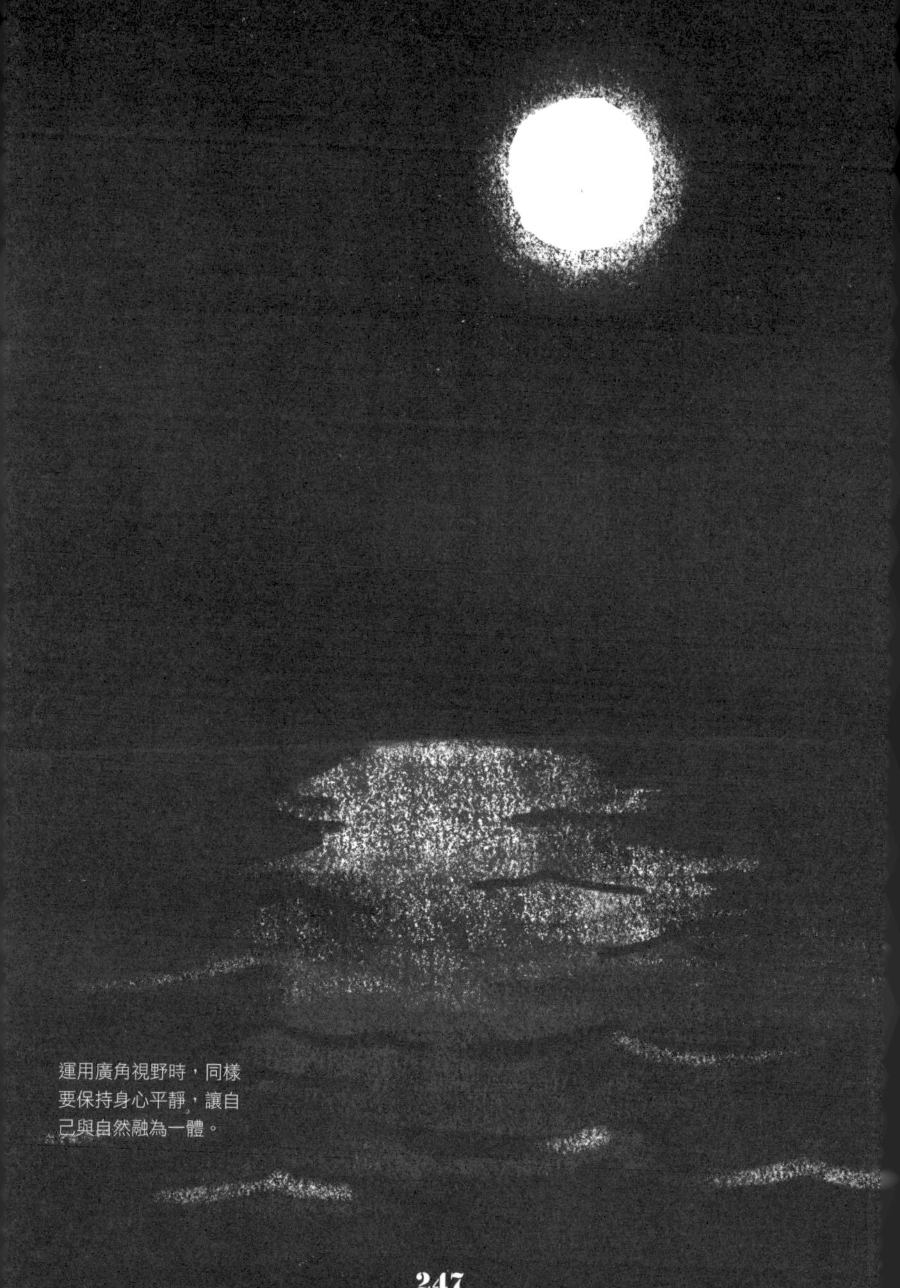

運用廣角視野時，同樣要保持身心平靜，讓自己與自然融為一體。

對聲音與氣味更敏銳

在戰場上，我們必須運用視覺、聽覺與嗅覺感官，來察覺除了我方之外的存在。其中，絕大多數士兵最仰賴的情報來源會是視覺攫取的資訊。不過，能夠目視其實也代表對方同樣看得見我方，如果沒有任何偽裝反而可能陷入危機。所以在此之前，必須先透過聽覺與嗅覺，也就是氣味及聲音掌握情報，察覺潛在的危險。不僅如此，聲音與氣味在很多時候還能救人一命。

如果是偵察或特殊部隊另作別論，但其實一般的步兵非常吵鬧。走路時硬底靴總是拖著地面，更是毫不在意槍械背帶、金屬零件或是頭盔發出的碰觸聲。另外，隱身行進於森林中的士兵如果踩踏到樹枝或葉片，同樣也會發出很大的聲響；還有些士兵本是想要躲在叢林中，卻因為發出沙沙聲響而遭捕獲。

負責進攻任務的步兵，既沒有洗澡也沒有洗衣，所以必然伴隨汗臭或體味，就連軍隊穿著的制式軍服都有股特別的味道。厲害的偵察兵能夠察覺一公里外槍械的槍油味。另外，人步行過的泥土也會飄出氣味，如果是林道或森林中的潮溼土壤，那麼氣味會更加明顯；草被踩踏過後也很容易留下清新的草味。

聲音與氣味其實能飄到遠方

凡是優秀的士兵執行祕密作戰時，絕對不會在行動過程中做出抽菸等行為。人發出的氣味與聲音其實會飄到遠方，各位一定要學會如何接收這些訊息。

不過，感受這些聲音氣味的感官敏銳度如果不夠高，那麼能夠蒐集到的資訊量就會非常有限。有沒有辦法察覺土壤飛揚所伴隨的味道，可說是至關重要的能力。

說真的，我們在日常生活中，早已養成只注意來自正前方聲音的習慣。但是在戰場上，卻需要三百六十度全方位地繃緊神經。

對此，希望各位能夠逐步地擴大接收訊息的範圍。首先要聽聽來自正前方的聲音，接著加入右邊的聲音，然後是左邊、後方，以這樣的方式接收每個方位的訊息。要一直維持接收訊息的開放狀態很困難，所以實際行動時，可以等接收完畢，確認安全無虞後才開始移動，而後再次接收訊息。重複以上的模式向前行進。

夜間尋求藏身之所的要點

到了夜晚，就會增加許多能夠躲藏的場所。只要充分利用光影所形成的明暗對比，我們將能藏身在各位難以置信的驚人位置。

利用明暗對比，是指運用存在於明亮周圍的黑暗。舉例來說，月光映照下會投射出電線桿或樹木的陰影，只要周圍夠明亮，就幾乎無法看見陰影內有什麼，所以要學會如何串連起這些陰影來移動。明暗對比愈強，遮蔽效果愈好。有光線才能形成陰影，所以與月光較暗的夜晚相比，明亮的滿月之夜反而會增加更多的藏身地點。遮蔽物雖然仍是最好的選擇，但只要充分意識到光影差異，就算落入對方視線範圍內，也能夠巧妙地不被發現。

一般來說，最難被發現的藏身位置，其實是光線的正後方。當光線照向敵人方向時，亮光處的後方將會是最佳的藏身處，例如自動販賣機旁的陰影、照亮地面的街燈後方都非常適合用來藏身。

不過，基於同樣的道理，敵人也會選擇藏身在這些地點。如果想在夜晚尋找敵兵蹤跡時，就必須記得光與影形成明暗對比的原則。

強光的陰暗處相對容易躲藏

瞳孔會對強光產生反應並聚焦，所以只要躲在光線後方、自動販賣機等明亮光線旁所形成的陰影處就不容易被發現。

偵察行動

執行偵察行動時，務必牢記一個前提——敵人說不定早已熟悉自身所在的背景環境。儘管具體行動時多少會受光線方向影響，但只要別讓自己的身形輪廓暴露在地平線上，就能更輕易地融入背景當中。

另外，在沒有任何背景的開放空間移動時，要盡可能地不要被看出人類既有的體態。舉例來說，頭部到肩膀的曲線一看就會知道是人類，所以要盡量壓低頭部，埋入肩膀線之下；前進時，四肢同樣不能露出身形輪廓之外，並注意行動要緩慢。只要能與背景融合為一，不被看出人類的輪廓，對方察覺自己存在的難度將會比想像中增加許多。

除此之外，也要對四周充滿戒心，眼看其他方向時，不能只有轉頭，而是要身體連同頸部一起緩慢轉動。眼珠子轉來轉去的話只會使眼白變得很明顯，所以也要避免這類動作。

高度警戒時，更要採取臥姿，像毛毛蟲一樣慢慢屈起身體移動。雖然每次大概都只能前進十至二十公分，外界卻幾乎察覺不到自己的存在。

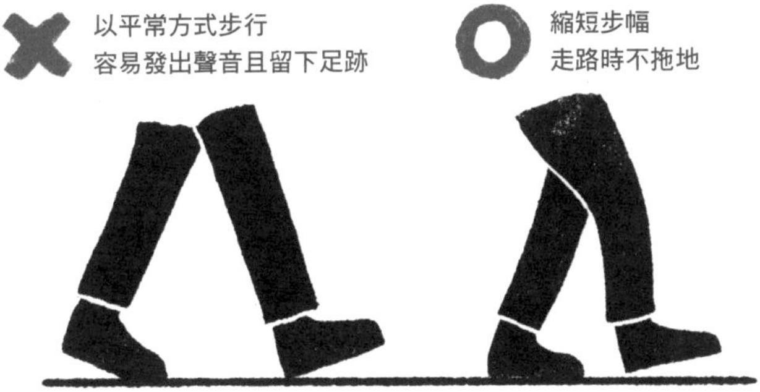
以平常方式步行
容易發出聲音且留下足跡
縮短步幅
走路時不拖地

整個腳底貼平地面

腳踩地時，不要先讓腳跟或腳尖著地，而是直直由上往下，將整個腳底貼平地面，並且放慢所有的動作。

多人移動且須警戒後方時

多人在夜間移動時，所有人可以貼在一起，建議將手放在前面成員的腰際，盡量避免被看出人的輪廓。發現有狀況時，最後一位成員必須示意前方，接著安靜蹲下或趴下，對四周抱持警戒。

COLUMN 5

如何製作偽裝衣

透過偽裝遮掩人既有的身形輪廓，偽裝衣就是能夠讓自己融入大自然中，且不會引人注目的野戰服裝。

什麼是偽裝衣？

偽裝衣是能夠讓自己在敵方陣營行動時，完全不被察覺的野戰服裝。市面上沒有現成的偽裝衣產品，基本上必須自製。
擾亂大自然基線的要素，包含了具備鮮明的規律特徵、外形輪廓清晰、與背景呈現明顯差異的對比，所以製作時必須將這些要素一一排除。建議選用帶有衣領，能夠保護頸部不被刀子切劃傷的大地色系工作服。製作時也要注意，直線條同樣屬於一種規律呈現，必須先拿掉胸前口袋等所有加工，接著再施作塗裝，去除外形輪廓、對比、對稱後，即可完成偽裝衣。

製作方法

塗抹橄欖油

上衣或是褲子後方口袋的直線與直角設計，都是不存在於大自然的造型，必須全數去除。接著要零散地在部分區域淋上橄欖油，營造出較暗的效果。建議選用不帶任何氣味的特級冷壓初榨橄欖油，適量撒上即可。用量太多可能會出現反效果，須特別小心。

抹上沙土

服裝本來就是人造產物，必須抹上土壤或草，去除人造物特有的亮澤，也可塗抹混有土或草的橄欖油液體。盡量使用該區域的土壤或草，才能提升偽裝度。最後用鞋子踩踏整件偽裝衣，將土及草壓入衣服纖維中。

噴漆呈現迷彩

先隨興地用綠色或褐色噴漆上色，也可擺上石頭或葉子作為版型。接著在袖子、衣襬、手臂外側稍微噴點黑色，去除輪廓。而後用偏亮的象牙色系，以輕輕撒落的方式拉開距離稍作噴灑，營造出附著於葉片上的沙塵，感覺會很像是表面豎起纖維。最後還可以縫上一些碎布邊，有助淡化輪廓。

偽裝用油彩

人之所以看起來像人，是因為人類皮膚會散發出特有的潤澤感，還有眼睛、臉頰等凹凸起伏。明亮的潤澤肌膚不存在於自然界，所以偽裝臉部時，要去除這些看起來像人類的部分，呈現出與偽裝衣相同的感覺。

有些偽裝會使用許多不同顏色的油彩，把臉塗成迷彩模樣，但其實只要有打底的綠色系，以及比底色再稍微深綠一點這兩種色系就非常足夠了。

塗繪時的重點在於嘴唇、耳穴全部都不可遺漏，並且在凸起處塗上較深的顏色，去除臉上的凹凸起伏。

偽裝方法

1.臉、耳、唇全塗上底色

使用較深的橄欖色，只要是露出衣服之外的所有範圍都要上色。眼睛邊緣凹陷、眼瞼、嘴唇凹陷、耳背及耳穴、後頸等部分都必須確實上色。完成後，要請其他人協助確認有無遺漏。

2.臉上凸起處塗抹深色

人臉的鼻梁、顴骨等凸起處看起來較亮，反觀凹陷處則看起來較暗。因此可在凸起處塗上較黑的橄欖色油彩，藉此打亂這個既定印象，增加識別臉部特徵的難度。

3.全臉抹上沙子

人臉沒有毛髮的平滑質感，在大自然裡會顯得非常醒目，這時可將整張臉抹上稍微帶點顆粒的泥土，當然也可以撒抹細沙。重點在於必須去除臉上的光滑感，呈現凹凸不平整的效果。

戰場的生活

我們該如何於戰場求生

戰爭開打後，如果選擇留在家中繼續生活，就必須要有儲備的水及糧食。如果沒有，至少能確保睡覺之處。萬一遭到俘虜被送至收容所，伙食或許不會很好，但應該還能有東西吃。

不過，如果是為了逃離戰火而被迫離家，或是住家遭飛彈或炸彈炸毀無棲身之所，那麼就不得不過著戶外生活。當然也有可能出現遭敵軍追趕，只好躲入森林的情況。一旦演變至此，不單只有敵人，我們還必須思考面對大自然這個對手時，該如何讓自己存活下來。

人在自然環境中，只要一下雨身體就會立刻淋溼受寒，取得水或是能立刻吃下肚的食糧其實並不容易。如果是不太習慣戶外生活的人，很快就會失去活下去的動力。為了避免喪失求生意志，各位必須從現在開始習熟悉戶外事物。就算是玩樂性質的露營也行，建議各位親身感受大自然。

保命四要素的優先順位

如果將人活下去的必須要素排出優先順序，那麼第一項會是確保體溫。若是身處在下雨或下雪的寒冷環境，導致體溫持續下降的話，那麼只要幾個小時人就會喪命。為了避免上述情況發生，我們必須學會如何運用周圍的天然素材，在所處環境裡打造一個保命的避難所。

排在體溫之後的必須要素是水。人在未補充水分的情況下大約能活七十二小時，所以這段期間一定要確保可飲用的水。

接著則是火。即便是燃燒香菸的火，只要環境黑暗，那麼就算遠在一公里外也能看見，所以在周遭皆敵的情況下生火根本是自殺行為。不過有火就能烹調食物，也能賦予內心能量，帶來極大幫助。如果要生火，必須在避難所內挖深洞，以免外面看見火或煙；挖起的土要堆在附近，這樣才能馬上把土填回，快速滅火。建議不要使用太粗的木柴，選擇細枝如手掌般大小的木材來生火最合適，也要使用完全乾燥的木材，才能盡量減少生火產生的煙霧。

優先順序的最後一項是食糧。各位或許會覺得很意外，但其實人類就算沒有食物，也能存活三週至三十天左右，所以食糧被列為優先順序的第四項。

生火要愈小愈好

即便已經確認周圍安全無虞，火苗還是不能生得太大，且不能看見火焰，同時也要注意飄出的煙霧及味道。

戰場上的飲食

哪種食物適合在戰場上邊走邊吃？最好的選擇應該會是不用烹調的高卡路里食物了，具體來說就是堅果類與果乾，營養均衡的能量棒、能量果凍飲或營養品類也是不錯的選擇。而且這類產品包裝輕巧，容易攜帶，取出後單手就能食用，戶外用品店及運動用品店皆販售有大量類似的機能食品。

過去我們認為糖分可轉化為能量，因此都會建議馬拉松選手積極攝取米飯、義大利麵等碳水化合物或甜食，不過目前發現限制碳水化合物量，改攝取脂肪與蛋白質反而更能維持能量。能量不足可是直接影響生死，所以建議各位著重攝取較多的蛋白質與脂肪。

飲食能為人心賦予活力，即便是在充滿壓力或是處於疲累狀態時，只要吃下巧克力等最喜歡的食物，似乎就能為腦部帶來能量，甚至讓自己變得非常有精神。所以挑選食物時，除了考量營養層面，也可以選擇自己喜歡，吃了能夠提起精神的東西。

如果遇到敵兵的機率很高，那麼會建議各位挑選比較不會散發出氣味的食物。另外，攜帶水的時候，水壺裡的水或寶特瓶裡還沒喝完的飲料一經搖晃也會發出聲響，同樣要很小心。各

不會發出聲響的軟材質水壺

自古以來，水壺的水會在戰場上發出聲響的問題始終困擾著士兵。不過只要試著改用軟材質水壺，動點腦筋還是能解決難題。

位可選擇戶外用的軟材質水壺，這樣可隨著剩餘水量將水壺折疊收起，就能有效避免發出聲音；也可以改成攜帶數瓶一次就能飲用完畢的寶特瓶水。

當偵察部隊在執行為期一週左右的作戰任務時，基本上不會進食，攝取的水分也會盡量減到最低限度。除了當下情況原本就不適合進食之外，這麼做還能減輕行李量，當然也能減少排泄次數。有些隊員執行完一次任務後，甚至會瘦了將近十公斤。

戰場上的睡眠

在戰場上沒辦法想睡就睡，各位必須做好睡眠時間會受到嚴重限制的心理準備。不過，一旦睡眠持續不足，思緒就無法集中，判斷能力也會逐漸下降。如果一直維持著無法睡覺的痛苦狀態，最後甚至會有人想要求個痛快。

求個痛快其實就是指尋死的意思，人的精神會因為睡眠不足與戰爭帶來的壓力而逐漸耗損衰弱，最終寧可選擇一死，為自己尋求解脫。

然而，勇闖山中過著狩獵生活的又鬼獵人，或是在廣闊大海捕魚的漁夫，卻有人在工作時不太需要補充睡眠。這或許是因為進入大自然後，身體就會與自然融為一體，哪怕人們的睡眠時間稀少，卻也能繼續撐下去。

人在大自然環境下，有時就算白天也會處於猶如半睡半醒的奇特狀態，這樣晚上只需要補充少許睡眠即可。另外，白天稍微補眠十分鐘同樣能恢復精神，提升注意力。

部隊的作戰行動，其實也是在對抗睡眠不足。士兵執行任務時的睡眠為二小時輪替制，輪睡者的身旁一定會陪伴著清醒的士兵。之所以設定為二小時，是因為如果睡得太沉，很容易有

夢話與打鼾等
無意識行為也須留意

如果附近可能有敵軍出沒，就必須注意自己會不會出現說夢話或打鼾的情況。士兵可能會因戰場壓力，而在睡夢中大聲發出悲鳴。

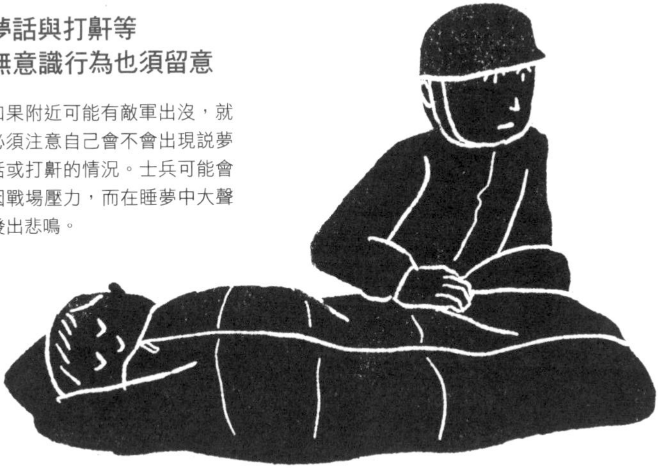

人開始打鼾或突然說夢話，甚至還有士兵會因為做夢發出慘叫。這些行為都可能危及部隊安全，因此才會刻意限制只能睡兩小時，避免士兵睡太沉。

此外，之所以會在輪睡士兵旁配一名清醒的士兵也是為了監視情況，而清醒者要偶爾搓碰輪睡者的身體，以防士兵睡太沉。對於會因壓力出現悲鳴的士兵，清醒者可以碰觸其身體部位，光是這個動作就能讓士兵感到安穩，放心入睡。

戰場上的如廁

即便戰爭讓人悲傷難過，但人要活下去仍然必須排泄。

如果因為飛彈攻擊或轟炸，導致下水道遭破壞、停電或停水，那麼家中的馬桶就無法使用。發現停水時，可千萬別想說可以使用浴缸的水，或是從哪裡取水來沖馬桶。萬一建物的排水管已經破損，穢物就會洩漏，變得難以收拾。

其實不光只是戰爭，許多防災手冊上都會提到，遇到地震災害時，也要避免立刻使用廁所。尤其是公寓建築的低樓層，可能會因為配管設計的問題，造成整棟居民的排泄穢物集中在此溢出，所以這點得非常注意。

為了避免發生類似問題，最好的方法應該就是準備災害用的簡易廁所了。其實各位不必特意選擇市售非常專門的產品，不妨利用手邊現有材料，只要在塑膠袋中裝入撕碎的報紙，或是撒入專用的凝固劑，即可打造出方便攜帶的廁所。如果使用貓砂還能順便除臭，使用完畢也別忘記將塑膠袋綑綁束緊。

不想被敵方發現行蹤時，排泄物的處理將會成為首要問題。雖然有實驗證實，不就地掩埋、

如廁是人類毫無防備的時候

無論大小便，如廁是人類最無防備的時候，所以動作要非常迅速。多人行動時，建議由其他人協助監視周圍環境。

讓陽光直接照射才是最能快速分解排泄物的方法，但這麼做也會留下明顯的痕跡，所以建議還是要挑選比較隱密的地方挖洞掩埋。如果完全沒有處理的時間，就只能如廁在塑膠袋裡，並且將排泄物帶著走。

另外，如廁也是人類最毫無防備的時候，可以理解各位想在沒人的環境下解放，但處於戰爭非常時期，建議還是要有其他人幫忙監視四周，迅速如廁完畢。我想無論是誰都不願意在上廁所時遭受攻擊吧。

偵察部隊在執行任務時，基本上都會忍住不排泄。但其實這個行為本身就很危險，還會讓身體散發臭味。

尋求救援的方法

當自己或家人因受傷無法自主行動時，如果我方軍隊或醫療隊伍就在附近，那麼就要趕緊讓對方知道自己的存在並請求救援。如果是被留在某個地點，則要向空中的直升機尋求協助。這時我們可以發出求救信號，讓對方知道自己與所在位置，雖然也可能因此向敵軍暴露行蹤，導致生命危險，但這仍是在處理突發狀況時必須學會的技能。

求救信號包含了視覺與聽覺上的傳達。如果對方視線範圍不足，就會看不見求救信號；聲音無法傳遞過去，求救信號當然也不會有任何意義。萬一必須向車內或直升機上的人求救，除非音量夠大，否則對方是不可能聽得見。所以各位必須掌握視覺與聽覺在呈現上分別應具備的特性，並適時擇用。

視覺求救信號較具代表性的方法，便是使用鏡子反光。只要太陽露臉，那麼鏡子便會成為最醒目的訊號。使用緊急救難反光鏡的效果雖然最好，但只要透過練習，也能夠以一般的鏡子替代。求救時，要以單手手指朝上空的直升機比出V字，接著調整反射光的角度，瞄準想要傳遞信號的對象。

透過聲音和光亮，告知自身所在

為了讓位處遠方的人知道自己的位置，就必須利用聲音及光亮。兩者各有優缺點，一定要知道如何聰明運用這兩種方法。

不過，鏡子無法在夜晚或是陽光較弱的天氣使用，這時建議改用燈光或生火產生的亮光會更有效。

發出求救聲響時，哨子的效果比較好。如果沒有哨子，也可以敲打四周的物品，建議選擇會發出金屬聲響等不存在於自然界的工具，聲音較容易傳至對方耳裡。

無論白天夜晚都能以聲音發出求救訊號，但與視覺的求救訊號相比，聲音較難定位出自己所在的具體地點。所以當無法掌握對方的位置時，就必須先吹哨子出聲，待救援者接近時，再切換成視覺的求救訊號。如果自己可能因為受傷而失去意識，打開收音機也會是個有效的方法。

結尾

對於主戰場位處人稱最危險的敵後地區、紛爭區域及危險之地等，隨時危及生命安全的潛入部隊而言，首先必須具備觀察力、洞察力、認知力等主要感官技能，還要懂得以這些技能為主軸，學習偽裝能力（融入周圍環境，不被他人發現）、追蹤能力（尋找並分析蹤跡）、生存能力（自食其力存活下來）、戰鬥能力（防身術）等經過實證的才能，同時更要具備決斷力和行動力，才能將這些技能發揮至極限。而這份決斷力更伴隨著勇氣與責任感，行動力則必須以信念與忍耐力作為根基。

這一點無論士兵或老百姓都一樣。

潛入部隊執行任務的主要目的是帶回情報。潛入敵後區域，利用黑暗躲藏，並於陰影中行動。隊員執行潛伏任務時，須充分掌握偽裝要點（視覺、聽覺與嗅覺上的要素），蒐集敵情。要蒐集的情報包含了目標區域的周圍地形、進出的人士與物資流向、生活步調、裝備服裝等。不僅內容複雜，更必須依照不同的時段從事縝密的調查。

掌握白天與夜晚分別的狀況，找出目標區域的破口或弱點，令潛入與活動範圍得以擴大。不過，如果無法充分掌握周遭情況，就絕不可貿然行動。面臨難題時，就伺機而動，必要時則選擇離開。

接著根據蒐集的情報，詳細描繪出目標區域，並從多個觀點分析各種資訊以模擬攻略。

若要列舉出潛入的三個必要條件，那麼第一項會是「維持精力」，第二是「面對恐懼的方法」，最後則是「做好那一瞬間的心理準備」。

關於第一項的「維持精力」，只要有辦法掌控自己的所有狀態就能達成。想要知道如何維持身體精力，就必須在平時了解自己體力的極限，即便是在作戰行動中，也要以這個平常對自己的了解為基準。

另外，維持內心的精力及常保平穩狀態，同樣是缺一不可的關鍵要素。人在執行潛入任務時的緊繃狀態下，其實正承受著超乎想像的壓力，這些壓力會消耗內心的精力，使人持續遭受傷害，甚至剝奪身體方面的精力。如果想要維持身心精力運作如常，那麼平常就必須做好更正規的準備，避免自己在遇到突發狀況時陷入情緒恐慌或行為恐慌（動彈不得），失去思考及判斷能力。

關於第二項「面對恐懼的方法」，我們雖然知道恐懼的源頭源自各種原因與要素，但在每一次的作戰行動中，都可能會出現自己像是要被不知真面目為何，無法化解的情緒帷幕吞噬掉的感覺。這種會讓自己產生負面的緊張情緒，因為不知道究竟有什麼威脅，以及心中的那股感受，因為看不見、因為無法掌握對方的真面目，威脅增加的同時，恐懼就會油然而生。面對恐懼時，要先確認威脅是否真的存在。透過視覺正面迎向恐懼的真面目，將恐懼感受轉化成正向的緊張情緒。一旦陷入負面的緊張情緒（不好的恐懼），人將開始心跳加快、冒汗、呼吸急促、身體顫抖，還有可能導致免疫功能衰退、判斷力與決斷力下降、活動力變差，甚至影響五感。

反觀，如果接受了正向的緊張情緒（好的恐懼），那麼行動會變得更謹慎，反射神經也會相當靈敏，強化對威脅的注意力，提升克服逆境的能力。藉由較樂觀的態度，刻意將緊張情緒轉化為武器。如此一來，才能讓我們做出冷靜的判斷與正確的行動。

關於第三項「做好那一瞬間的心理準備」，是指如果到不得不有所行動的最後時刻，就必須經過充分考慮，決定究竟要不要起身奮戰，並確認掌握了較占優勢的情勢與條件後再來執行。當心中下了決定，就要貫徹始終，但這同時也代表我們要對自己的行為做好任何可能結果的心理準備。

無論最後決定怎麼做，都要清楚認知到自己為什麼會做出這樣的選擇，即便行動存在著不確定性，也不能對自己的判斷有所遲疑，或是對行動感到疑慮甚至後悔——總而言之就是要埋頭完成行動。同樣得消耗相同分量的能量，當然就要讓能量積極正向地發揮，而不是處於消極的負面狀態。

除此之外，我們也不能將事情的發展完全歸諸偶然，還是必須抱持自我認知與不屈的意志，挺身面對最終的結果。希望各位記住，唯有心存覺悟，專注於一念的人，才能在吞噬內心的那股危機與精神歸屬的道德感之間取得平衡。

即便是此刻當下，世間仍有生活在潛藏著恐攻威脅的紛爭與危機之下，面對嚴峻現實的士兵或老百姓。各位可以學習他們面對危機時的態度、對策，以及每天為了生存所做的努力和策略，透過經驗法則，讓我們了解到自己在遭遇各種情況時該如何因應。

背負特殊任務的士兵在潛入、潛伏與脫離時，老百姓則是在平常、混亂與行動時，在這些時刻不僅必須強烈意識到觀察力、洞察力、認知力的必要性，更要了解偽裝能力、追蹤能力、生存能力、戰鬥能力的重要性，以及如何維持能量、面對恐懼、做好那一瞬間的心理準備。我認為唯有充分掌握自我身心平衡，才能看見前方的那道光芒。

希望各位在遭遇困境時，將注意力集中在自己眼前應該做的事情上，確實完成。記住不要抱持過多的期待，當然也不要放棄，只要想著如何活過當下，才能邁向明天。

這一切都是為了夥伴、為了家人，還有為了自己……。

（二〇一九年五月十一日筆）

S&T OUTCOMES隊員　S

S&T OUTCOMES

提供日本陸上自衛隊繩索求援與戰鬥技術指導，以及民間企業的保護教育訓練，同時也針對行政機關、大型保全公司開設恐攻對策研討會。曾負責的委託項目包含：日本政府對外開發援助機構JICA的研修指導，針對日本國內資源開發企業、日本跨國集團、大型通訊社等需要海外派遣的企業，開設以危機管理負責人為核心的恐攻因應研討會，以及辦理派駐海外人員的安全研修活動。此外，也負責大型外資企業總公司、物流公司的設施保全業務，以及與國際非政府組織、非營利兒童組織合作危機管理研修等各類保全、保鑣業務。

危機管理領袖教育協會

川口 拓

自2001開始舉辦自然學校「WILD AND NATIVE」，企劃與地球共生的自然體驗活動。2013年成立一般社團法人「危機管理領袖教育協會」，多次協助電視雜誌等媒體企劃與演出。同時身兼CMILE災害對策指導員培訓教練、Bushcraft野地技藝指導員培訓教練、自衛隊危機管理教官、自衛隊野外求生教官等身分。著有《野營技術教本》（旗標出版）。

編輯
原 太一

裝幀・設計
草薙伸行 (Planet Plan Design Works)

插畫
ササキサキコ

小老百姓的戰場行動守則

出　　版／楓樹林出版事業有限公司
地　　址／新北市板橋區信義路163巷3號10樓
郵政劃撥／19907596 楓書坊文化出版社
網　　址／www.maplebook.com.tw
電　　話／02-2957-6096
傳　　真／02-2957-6435
著　　作／S&T OUTCOMES、川口 拓
翻　　譯／蔡婷朱
責任編輯／江婉瑄
內文排版／謝政龍
翻　　譯／邱鈺萱
港澳經銷／泛華發行代理有限公司
定　　價／350元
出版日期／2020年9月

國家圖書館出版品預行編目資料

小老百姓的戰場行動守則 / S&T OUTCOMES
、川口拓作；蔡婷朱翻譯. -- 初版. -- 新北市：
楓樹林, 2020.09　　面；　公分

ISBN 978-957-9501-86-6（平裝）

1. 戰爭 2. 危機管理

542.2　　　　109009602